戦略企画

なぜ、あなたの企画は通らないのか?

金巻龍一
Kanemaki Ryuichi

東洋経済新報社

はじめに

本書は２０１５年に刊行した『外資系コンサルタントの企画力』を改題の上、再編集を行ったものである。

もう、あれから10年が経とうとしている。この10年で、世界も日本もいろいろなことを経験し、その価値観や常識も変化したと思う。だからこの機会に内容を思い切り見直してみようと久しぶりに読み返してみた。

まず思ったことは、多くのことが詰め込まれすぎているということだった。当時の私は、ＩＢＭのコンサルティング部門の仲間たちの顔を思い浮かべながら、彼らにある意味、遺産を残すような気持ちで書いていた。だから知っている限りのことを全部書いておきたいと思い、それが詰め込みすぎになってしまった。

常日頃から「戦略は、仲間に理解され納得されなければ立案されていないのと同じ」と述べているが、書籍も同じだろうと深く深く反省した。

前作『外資系コンサルタントの企画力』は「戦略の立案」と「その戦略の組織内での共有方法」の二本立てのような内容だったが、後者の話はまた別の機会にゆずり、今回は「戦略の立案」部分を読みやすくしてみた。

この10年、従来のITに代わり「デジタル」の時代になった。データサイエンティスト人材の獲得、生成AIの活用など新しい課題が生まれた。さらには働き方改革やM&Aが常識化された。コロナ禍がリモートワークを急加速させたり、その終結後はインバウンドが復活したりした。そして、グリーントランスフォーメーション（GX）は企業の大きな課題として寝そべっている。

組織の課題は変わった。しかし、戦略の立案や企画のとりまとめの基本は変わらない気がする。

本書でも散々述べている通り、「戦略を立案する」のはこれまでの戦略に不備があるからではなく、時代が変わったので、新しい時代に適合させるためである。戦略や企画の内容自体は大きく変わるだろうが、発想方法を変える必要はないかもしれない。

本書は企画のコツのようなものを紹介しているように見えるかもしれない。しかし、前作でも強調したように、その通りやれば企画書ができあがってしまうというものではない。

別の言い方をすれば、本書は企画の入門書にはなり得ない。会社や組織というものを理解でき、組織に動いてもらうことの難しさ、時には痛い目にあい、いろいろな不条理や無力感などを覚え始めた人に向けて書いている。

製造業では「わかっていても油断すると間違ってしまうこと」を防ぐための工夫や仕掛けを「ばかよけ」と呼ぶ。たとえば工作機械で何か硬いものを切除するようなときに、作業中にうっかり他の機械に接触しないように柵をつくっておく、などといったものだ。

企画のコツというのは、思考における「ばかよけ」に近いと思う。

コツそのものが何か新しいものを生むのでなく、通常、我々が「わかったつもり」ないしは「考えたつもり」になってしまっているポカに気づかせるようなものだ。いわば自分の思い込みに自分で気づく。その結果、違うことを考えるきっかけになる。

それによって、新しい発想が得られることがある、という感じだろうか。

私自身、グローバル企業（国籍の違い、肌の色の違い、宗教の違いなど）の中で、いくつもの企画策定の場面があった。あらためて「企画」というものを考えてみると、いかに多くの方々からのサポートで今の自分があるのかということを再認識させられる。

さまざまな方から知恵をいただき、あるときは誤解や対立、縄張り争いがあり、突然のお叱りを受けたり、急に救いの神に会ったり、いろいろなことがあって、ゆっくりと組織が動き出す。その高揚感が忘れられない。

皆様に、その喜びの一端でも伝われば幸いである。

金巻　龍一

2024年11月

目次

第2章

妄想編 「常識のフェンス」から脳を解放しよう

第3章

発想編 頭の中にぼんやりと仕切りをつくってみよう

第4章

構想編
発想をビジネスに変えていこう

第5章

実現シナリオ編
組織の底辺にある感情を武器としよう

第6章

企画書とりまとめ編
「議論の触媒」を企画書に埋め込む

第1章

焦燥編

なぜ、あなたの企画は通らないのか

その企画書は単なる意見書になっていないか？

組織の中で、何か実行したいことがあったとしよう。

もし自分に、その組織の中でなんでも自由にやれる権限があって、また、それを行うための十分な能力があるとするなら、わざわざ企画は不要だ。企画が必要になるのは、自分ひとりではできないことを、組織の力を借りることにより実現する必要があるからだ。

企画といえば、すぐに「アイディア」という言葉が浮かぶかもしれない。誤解を恐れずにいえば、アイディアはあちこちに転がっている。問題は、そのアイディアの善し悪しの判断や実行の可能性について、組織内のあちこちで温度差があるということだ。知識の違い、イデオロギーの違い、その企画が迷惑に感じられる立場、さらには単なるやっかみといったものまで、組織の底辺にはいろいろな感情が流れている。

決して全員が賛成することはないその内容について、組織としての意思決定を促し、さまざまな人の能力を借り、支援を得ながら実行する。つまり、組織の中で、自分の背丈を超える何かをする、そのときにこそ企画は必要となる。

時折、自分の企画が通らずに、「上は何もわかっていない」と、その企画の承認者である上層部に愚痴をこぼす人がいる。これは企画の本質を理解していない典型的な例だと思う。そう簡単にはわかってもらえないほどのものだから、わざわざ企画が必要なわけだ。単に自分のアイディアが最高だというだけなら、それは企画書ではなく単なる「意見書」にすぎない。

アイディアが革新的になればなるほど、実現の難易度が上がり、組織内での合意形成が難しくなる。逆に、合意形成や実行について、あまり心配がないアイディアは、魅力に乏しい。

斬新なアイディアを大きな組織の中で実行する。それはいわば、相反することを同時に実現することになるわけだ。

「企画書」と題する資料を書けば、それが企画となるわけではない。今そこに存在する数々の矛盾を紐解き、一見、実現不可能と思うようなことを実現させてしまう作戦書が企画書だ。

発想を殺すのは企画がもつパラドックス

顧客の声を聞くのは現場。その現場から優秀な若手を集め、自社の強みを活かした、まったく新しい事業を考えさせよう。

よく聞く話だ。しかしながら、この話を聞いてどこか寒々しい思いにとらわれるのはなぜだろうか。まったく新しいものをつくることに異論はない。

しかし、「顧客の声を聞く」とは、顧客がすでにもっているニーズをベースに考えるということ、「自社の強みを活かす」とは、自社の過去の成功体験の延長線上で考えるということだ。すなわち、その「指令」が飛んだ時点で、もはやゼロベースの発想や新しいアイディアを禁止するプログラムが仕組まれていることになる。

企画の発想を殺す原因は企画の承認者側の評価能力にもある。人間は自分の考えていることを、何もいわなくてもいい当ててくれるような人を優秀だと思う傾向がある。

持ち込まれたアイディアが自分の想定と違えば違うほど、否定的に見てしまう。ただ、上位者として若い彼らの労に報いるために、何かアドバイスをしなければならない。ここが問題だ。

自分のよく知らないことについてアドバイスをするとなると、通常、人はそのどこが素晴らしいかよりも、どこに不整合や漏れがあるかを考えようとする。どうしても話は、否定的、批判的なものになりがちだ。とはいえ、否定し続けてはメンバーのモチベーションが下がってしまう。

葛藤の末、結果的には、その企画は、一気に撃沈させられるか、論理整合性は高いが目新しさのない予定調和に落ち着かせられるわけである。

技術革新、制度改革など、日々、世の中は変わっていく。一方で組織の現場は、新しい変化に対応しようとする気持ちと、過去の成功の大きさからくる現状肯定が複雑に対峙している。いうなれば、

企画とは、「世の中の変化」と「組織の底辺に流れている『現状肯定』の感情」との懸け橋。

そして、企画が世の中の変化のほうにばかり偏りすぎれば、話としては美しく魅力的だが実現可能性の見えない危ない話になるし、組織の感情ばかり気にすれば、実現はできるだろうが、だからなんだという感じの、効果の薄い退屈な話になる。これが企画がもつパラドックスだ。

もしあなたが、組織の中で何かを考え実行しようとするのであれば、ここで述べている「企画パラドックス」は、問題として嘆くものではない。このパラドックスこそが、**企画を行うに際しての常識であり大前提なのだ。**これを乗り越えるアイディアこそが企画がそこに存在する理由だ。

本当の意味での自由な発想で、今までにないビジネス価値を整理してみる。そして、それを組織の他のメンバーに説明し賛同を得る。そのいわば「賛同力」の強さが実行の成功可能性を引き上げるわけだ。それをあたかもゲームのごとく、あなたの発想で組織が動くことを楽しんでいただきたい。

逆に、企画を練る前にこうした気持ちがないと気づいた場合には、むしろそこにあるパラドックスをあえて想像し、自分の心の中で、ゲームを始める高揚感を高めてほしい。

「走りながら考える」の叱咤激励に惑わされるな

日本人は、とりわけ「走りながら考える」という言葉が好きだ。
ただ、この言葉は、どうも正反対な意味をもつ2種類の解釈が混同されている気がしてならない。

ひとつ目の解釈は、「発想したというだけで、実現可能性がないものはダメである。走る（実現を求めて試行錯誤してみる）ことで発想が補完され、発想がさらに磨かれる」

という意味だ。これはまさにその通りだと思う。

問題なのは、それを逆用したかのような、もうひとつの解釈で、「いつまでも考えているると時間ばかりとってしまうから、とにかく始めてしまおうよ」といったものだ。経験上、「走りながら考えよ」という言葉を好んで使う人に限って、後者の意味でいっていることが多いような気がする。

正直いって、ただでさえ考えるのが難しいものを、走りながら考えるなどというのは、よほどの天才でない限り無理だ。だから、普通の人は、実行する前によく考えてみる必要がある。

少なくとも「机上では100％勝てる戦略」をつくる。

ただ、実際にそれを実行すると数々の「想定外」に出くわす。その原因の多くは、技術革新、法規制変更、競合の動き、自社の組織力などといった要素の「前提」の変化、読み違いなどである。

企画のもつ戦略性は、実行の段階において減衰する。つまりは、最初に「机上では100％勝てる戦略」なくして、どうやって実行で勝つことができよう。

「机上で勝てるはずだったゲームになぜ負けたか（なぜ戦略が通用しない、なぜそのおり実行できない)」がわからなくして、どうやって組織の学びにしていけるのだろうか。

組織が育っていくためには、「勝てるはずの戦略」の存在と、その実行での「苦い体験」が必須だと思う。

映画『史上最大の作戦』で語られるところのノルマンディー上陸作戦、司馬遼太郎『坂の上の雲』で知られる日露戦争。もし、これらが走りながら考えられていたとすれば、ぞっとする話だ。ノルマンディー上陸作戦の司令官アイゼンハワーは、「計画がすべてだ」といい、またその一方で、「戦闘が始まったら計画はすべて忘れろ」ともいっている。まずはじっくり考える、考え終わったら実行に移す、実行の途中でアイディアが生まれる、それを実行の中に取り入れながら進む、といったことだろう。

とにかく、**「実行」を言い訳に、「発想や計画」を疎かにしてはならない。「実行あっての企画」とかいう脅しにはのらないことだ。**意味のないことを実行することほど、空しいものはない。

かの天才アインシュタインは、「この世の狂気」として、次のように説いている。

"Insanity: Doing the same thing over and over again and expecting different results"

和訳すれば、「この世の『狂気』とは、『同じことを何度も何度も繰り返しているのに、そこに違う結果を期待することである』」となる。

私は、「走りながら考える」の安易な連発は、組織中にこの狂気を蔓延させているだけのような気がしてならない。

考えるスイッチを入れよう

発想には、才能が必要か。

ある程度はそうかもしれない。天からの授かりものを受けた、天才的な発想をするひと握りの人々がいるというのも事実だろう。しかし、私は誰にでも、一定の「発想力」はあると思っている。それなのに「発想できない」状況に陥ってしまう理由はなんなのか。それは、「考えたつもり」になっているからだと思う。考えたつもりになっているから、その先に思考が進まない。それだけのことだ。この「つもり」を失くすことこそが、ここでいう発想力を高める最大のコツだと信じている。

この**「つもり」の怖いところは、多くの人がわかっていながらできないということである。**「考えたつもりになっているだけで、実際は考えていないことがある」と知っている。にもかかわらず、自分だけは違う、とか、今のところそれはない、と、それこそよく考えずに思い込んでしまうということだ。

例えば、次の文章を読んでみていただきたい。

> あなたが家で留守番をしていると、チャイムが鳴る。誰か来たらしい。「宅配便かな」などと考えながらインターフォンに手を伸ばす。「どちら様でしょうか？」と尋ねると、向こうから「輪ゴムの販売にまいりました」という声が聞こえてきた。

さて、あなたは、次になんというだろうか。

これは、私が新人コンサルタントにする質問だ。たいていの新人は、「輪ゴムはいりません」と答えるという。それを聞いて私は、「その場をもっともっとリアルに想像してごらん」と再考を促す。それでも答えは変わらない。むしろ「絶対にそういいます」と妙に確信的だ。まったく自分の回答を疑っていない。私はさらにしつこく「インターフォン越しに見える相手はどんな服を着ていて、どんな人相か。君はさっきまで何をしていて、どんな気分でインターフォンを取ったのか」と尋ねる。でも、たいていの場合、それでも「輪ゴムはいりません」となる。

読者の皆様はいかがだろうか。やはり、「輪ゴムはいりません」だろうか。そう思った方には、もう少し考えていただきたい。今まで、「輪ゴムのセールスマン」なる職業を聞いたことがあるだろうか。おそらく、ないはずだ。であるとすると、インターフォン越しに「輪ゴムの販売」と聞こえてきたときには、一瞬、聞き違いではないかと思うか、いったいそれってなんなのだろう、とすごく不信に、ある意味、不気味にさえ思うはずだ。となれば、こちらから発するのは「えっ?」とか「輪ゴム……。ですか?」といった感じになるのが自然ではないだろうか。少なくとも、元気に「いりません!」と答える人はいないのではないだろうか。

我々は、大人になるまでにいろいろな教育を受け、先人が試行錯誤の中で会得したものを「答え」あるいは「知識」として習得してきている。その一方で、本当の意味で「考える」、すなわち、自分で頭を働かせて考えてみようとするスイッチが切れたまま、気づかなくなっていることもある。むしろ、そのスイッチの存在を消すことこそが、受験指導のコツのようにもなってしまっている。子供の頃だったら不思議に思ったことを、不思議であると知覚できなくなってしまっている。

先の例でいえば、「これは解答のある問題」だと思ったまま、脳が勝手に、「来客」「来客からのお願い」「反応」というかたちに整理してしまって、いくら「リアルに想像して」とか「本当に考えてみて」といっても、まったく考えるスイッチが入らない。ただ、本人としては、至って真面目に「考えているつもり」状態になってしまっている。フランスの文化人類学者、クロード・レヴィ＝ストロースの言葉を借りれば、これは「いつの間にか野生の思考を失くし、栽培された思考となっているケース」だ。

企画といえば企画書、企画書といえばフォーマット。その安易さがまずいと思う。まずは、解答用紙としてのフォーマットを探す前に、「考えるスイッチ」を入れてみよう。そのためには、自分の考えるスイッチはいつの間にかオフになっているのではないかと疑ってみることだ。

時々、すごく高学歴で、豊富な知識をもっているにもかかわらず、すぐに答え探しばかりしてしまう人を見かけることがある。そのような人は、過去に覚えてきたものを、何かの要請のつど、情報格納場所から検索してくることを「考える」としている感がある。他人が何かを発想しても、「それは実証されているのか」と尋ねてくる。ちょっとした思いつきだというと、実証されていないアイディアなどダメだ、となる。この種の人は、「考えるスイッチ」の存在すら知らないのかもしれない。

企画を練るのに地位や資格は不要だ。必要なものはただひとつ。「考えるスイッチ」を入れるということだ。

企画の判定者は女神ではない

「よいアイディアがあれば周囲は賛同する」という考え方は、論理的には正しいが、実際はそうはならないことが多い。

企画の説明をすると、「まったく理解できない」と誰かにいわれて、その人の納得なり説得なりを図るべく、いろいろな角度から説明資料をつくる。でも一向にわかってもらえない。これは説明者の「説明能力」の問題だろうか。私の経験では、

企画の説明が「理解できない」には2種類ある。
ひとつは本当に理解できない、つまり説明が悪いということ。
もうひとつは、理解できないのでなく、
「理解したくない」というものだ。

例えば、物流部門と営業部門のケースで考えてみよう。

物流部門が営業部門に対し、「経費削減のために宅配便の使用を中止し、定期便一本にしてほしい」と依頼したとする。営業部門は「重要なお客様からの緊急

の依頼のときには宅配便利用が不可欠」と反対している。こうした対立がある中で、物流部門が営業部門統括者に「○○会社との物流共同化とその定期便一本化による、物流コストの削減」というさらなる提案をした。

賛成されないことは想像に難くない。ただ、その理由は、「自部門（この場合は営業部門）の成績が悪くなるから」とはなかなかならない。おそらく、計算の前提がおかしいとか、○○会社から秘密が漏れる危険性がある、という「反対」を唱えられる。その話を真に受け、さらに精緻な計算をしたり、○○会社との守秘義務契約のあり方を考えてみたりしてもあまり意味はない。要は、「その改革案に賛成したくない」、だから「その案は理解したくない」、つまりはその案は、公式的には「理解できない」になるわけだ。

話がちょっとそれるが、長いこと、戦略コンサルティンググループの統括をしていて発見したことがある。それは、新卒ですぐにコンサルタントを目指す人間よりも、中途採用で入ってくるコンサルティング未経験の人間のほうが、組織を動かす能力が圧倒的に高いということだ。

コンサルタントという職業は、お客様企業での人事権や承認権を与えられることはない。お客様の組織を動かすためには、我々からのお願いをお客様に納得していただく他ない。では、中途採用の人間が、新卒でコンサルタントになった人間よりもコミュニケーション能力が高いのかというと、それはまったく違う。むしろ、コミュニケーション能力に限らず、各種分析手法やビジネスモデルの策定など、たいていのことは、若いうちにこの業界に入った新卒のほうが圧倒的に頭が柔軟で習得能力が高かった。

では、どうして、中途採用組のほうが、組織を動かす力が上だったのか。それは、中途採用の人間の中には、**「組織には、それを動かすツボがある」**ということを、経験的に理解している人がいたということだ。

企業には組織がある。組織図の上にいけばいくほど偉くて権限がある。だから、組織を動かすには、上の人にお願いして、下の人に指示を出してもらうという方法が論理上は正しい。だが、実際はそうとは限らない。組織の中には、組織図には書かれていない、その人の人間力や、今までのつき合いから醸成されてきた尊敬や信頼関係、仕事上の貸し借り、あるいはその反対の敵対意識や、組織内でのライバル関係といった見えない上下関係、対立意識が存在する。**権限よりも、影響力のほうが実態として機能するのが会社だともいえる。**

新卒社員は、その辺は論理的には理解できても、感覚的に理解しきれるものではない。中途採用組は、「こういう問題については、この人経由であの人にこういうかたちで依頼すると、その人が上層部に説明してくれて、正規ルートよりもすんなり実行に移せる」といった、組織を動かすツボ(見えない指揮系統)というものの存在を知っているわけだ。

企画の実行はこれと似ている。わざわざ企画というものが必要なのは、日常のビジネスプロセスや組織構造の中で実現できないこと、例えば自分の組織の権限を越えるような金額の投資や他部門の協力が必要だからだ。その企画が効果的に議論され、効率的に意思決定されるためには、組織のどこにどう触ればいいのか、その嗅覚が必要であるということだ。

誰がどう見てもその企画が会社をよくするものだというケースであっても、全員が賛成するかといえばそうではない。この企画によって、自分の部門が不利になったり、自分のライバルが有利になったりするなら、その企画は「よくわからない」とか「多面的に考えてみるべき」といった、やんわりとした否定にあうわけである。私は、

企画には、
ほんのひと握りの歓迎者と、
大多数の浮動票、
そして、なんとしてもそれを阻止したいと考える熱狂的な反対派が存在している。
よい企画とよい説明があれば賛成されるというわけではない

と考えるようにしている。パワーポリティクスとまでいえば大袈裟だが、こうしたことを「政治」と忌み嫌わず、冷静に組織の中にある感情をよく整理してみることが肝要だ。繰り返すが、企画は、普段の組織の中ではその発想や実現が難しいから存在

する。時には、組織図にない影の承認ルートの検討や、組織図を飛び越えてしまうような必殺のスルーパスが必要だったりするのは当然だ。

よく、「正義は勝つ」という言葉に対し、「(正義が勝つのでなく)勝ったのが正義」と唱える人がいる。企画もこれと似ていると思う。**正しいものが通るのでなく、通ったものが「組織として正しいと承認されたもの」といえる。**

企画やアイディアの判定者は、決して女神なんかではない。それぞれ自分の生活や責任を背負った生身の人間なのだ。「組織として承認はされなかったが、自分は正しいことを進言した」というのは自己満足以外の何ものでもない。承認されなければ、そのアイディアはなかったものと同じだ。アイディアが大きいほど、その承認までの道筋の設計は重要になる。

グローバル企業は思ったよりはるかに日本的

企画は、アイディアそのものよりも、それを周囲にいかに理解してもらい賛同を得るかのほうが重要だということ、「それは、日本企業だけのことか」とよく尋ねられる。答えはＮＯだ。長年、グローバル企業で企画を考えてきたが、むしろ、外資系という世界のほうが、よほど人間関係の機微を考えなければならないところだとつくづく思う。

話が前後するが、私の社会人生活は、典型的な日本企業文化をもつ日本企業から始まった。当時の日本経済は絶好調。海外に行けば、至るところで自社の看板を目にした。ただこうした中でも、「外資系」という単語が気になっていた。なんとなくの外資系コンプレックスとでもいえるような感覚だったと思う。「外資系企業は意思決定が早い」「外資系企業は何事も合理的で、日本企業のような根回しがない」「外資系企業では、例えば相手が上司であっても、自分のいうべきことをちゃんといえる」などといったものだった。

その後、縁あって、代表的な「外資系企業」のひとつに所属することになる。しかも、その企業の日本拠点は、「外国企業の日本支社」という独立したものではなかった。まずはグローバル戦略があり、その中で日本地域の戦略があり、そのオペレーションは完全にグローバルで一体化されたプロセスの中に組み込まれていて、独立性や独自性を確立している日本法人としての実態は皆無という正真正銘の「グローバル企業」だった。

「徹底的な合理主義と指揮命令系統」をイメージして臨んだ私にとって、その実態は予想とはまったく違うものだった。それは、「日本企業の日本人のほうが、はるかに私が思っていた（憧れていた）外資系社員のイメージに近い」というものであった。

いざ経験した外資系企業では、論理も重要だが、まずは信頼がそこにあることが重視された。最初はなんだか気取っていてやりにくいと思った相手でも、パーティーやバーベキューなどで個人的に話をすると、一気にムードが変わる。以前はNOだといっていたこともYESになる。

理由を聞いてみると「おまえの企画内容には相変わらず問題があるが、おまえを人間として信頼したので、任せることにした」という。日本企業のほうが、いくら社員旅行とかパーティーで意気投合したとしても、それはそれ、仕事は仕事、と、きっちりと区分けをしようとする雰囲気があるように思う。

それればかりではない。日本企業だと、親分と子分ではないが、ボスがいて取り巻きがいるという印象があるが、外資系でもボスの周りには取り巻きがいた。ただ、日本のそれと違ったのは、その支配力の強さと、ある意味での安易さだった。ボスがいうことをそのまま一言一句、「これは自分の考えだ」として部下に強制してくることが多いと感じた。

当初は、そうした連中が、なぜ「ひらめ」と呼ばれているのかわからなかったが、その後、「上ばかりを見ている」という意味だとだんだんわかってきた。この「ひらめ」に新しいアイディアをもっていっても、まったくもってムダだ。だが、そのボスに勇気をもって自分の考えを説明にいき、それが合理的だと認識されれば、即座に考えが改められもした。トップダウンという言葉の本当の意味を知ったような気がした。

また、「外資系には根回しがない」とよくいわれるが、あれもまったくの誤解だと思う。日本のような島国とは違ってそれぞれの国が地続きで、強い宗教観の違いなどの中で生きてきた彼らからすれば、コンセンサスの重要性は、日本人の比ではない。経営トップの信頼の厚い社内外のインフルエンサーの影響力がかなり大きく、その識別と事前の働きかけが何よりも重要だったり、水面下に微妙な学閥や人種の問題があったりする。

唯一の違いは、いわゆる「はしごを外す」ときの手際が、スポーツのように鮮やかでスマートだということだ。あそこまで露骨というかハッキリしていると嫌な気持ちがあとに残ることは少ない。何というか、「やられた」という爽やかさにも似た敗北感を抱いたりする。これはルールさえ覚えれば、やりやすいという意味で、長所なのかもしれない。

いずれにせよ、**外資系だから、日本企業だから、という理由でその仕組みの違いや優劣を議論するのは不毛**だ。ただ、外資系といわれているところのほうが、一般的な日本企業よりも、はるかに〝日本的（日本独自のもの）〟なアプローチ、すなわち、コンセンサスベース、信頼ベースでの説明、説得が重要だと理解した。特に、企画のスケールが大きければ大きいほど、その傾向は顕著だと思う。

第2章

妄想編
「常識のフェンス」から脳を解放しよう

いわゆる発想法は不要である

元来、脳は気まぐれで気分屋だ。必要なときになかなか発想が浮かばないのに、関係ない場面で突然よいアイディアが降ってきたりもする。企画のコツを説明するような本を書いておきながら矛盾するが、私は、**発想について「方法」を語るのは馬鹿げたことだと思っている。**

例えば人に感謝をするとき、誰がやっても、誰に対しても気持ちが伝わる「感謝法」などというものが存在し得ないように、誰でもこうすれば発想できるようになる、などというものがあるようには思えない。ましてや、企画のためにいきなりよい発想をしようとしても、そう簡単にはいかない。むしろ、**よい発想をしようとすればするほど、組織の現状、自分の立場、周りの声など、内容以外のことが気になってくる。**「こんなことをいえば、無知だとか非常識だとかいわれないだろうか」などと考え始め、気づけば、誰も反対しないものはないかと探している。これではよい発想ができようはずもなく、それをもとにした企画が退屈なのは当たり前、ということになる。

では、どうすればよいのか。かしこまっての発想の前に、まずは「妄想」から始めてみることをお勧めしたい。自分の中にある「常識のフェンス」から脳を解放してみよう。

「妄想」「発想」「構想」を区別せよ

「妄想」という言葉には、ちょっと悪ふざけに近い否定的なニュアンスが漂う。ただ、新しいものを発想するのに「地に足がついていること」を意識するのは逆効果だ。往々にして、ビジネスの世界では、「今までを否定せよ」というように「ネガティブを肯定」させようとすることがあるが、普段はあれだけ常識人でいろといいながら、突然、非常識になれといわれても、なかなかそうはできない。

一方、「発想」という言葉には、洗練された頭のよさをイメージさせる響きがあるように思う。そのためか、「発想しろ」といわれると、どこか構えてしまう。寺で座禅を組んでいるときに「無心になれ」といわれると、ひたすら「考えてはいけない、考えてはいけない」と考えてしまって、無心どころではなくなってしまうのと似ている。

肩の力を抜いて発想したい。そのために、私は「妄想」「発想」「構想」を、意識的に分けて考えるようにしている。それぞれに特に明確な定義があるわけではなく、あくまでも気分的な分類だ。

あえて説明するならば、**「妄想」は、どこか馬鹿げたアイディアで、話す相手によっては嘲笑されてしまいそうなものだ。**だが、人が嘲笑するのはそれが問題外、いうなれば常識外れだからであり、それはそれで、見る人が見れば万が一の価値をもっているかもしれない。それが、**「発想」となると、妄想に比べて理論武装され、その価値が他人に客観的に証明できそうなものだ。そして、「構想」ともなれば、自社や自組織の能力、財源などの要素を加味して、その実現可能性が見えてくる。**

よい発想が欲しい。そんなときには、よほどの発想名人は別として、じっくりひとつの名案を考える、という感じではダメだろう。「下手な鉄砲も数撃ちゃ当たる」ではないが、できるだけ多くを発想し、その中からこれはと思うものを選択するのが現実的だと思う。この場合、発想の質は、その選択の母集団、すなわち発想の数に依存することになる。

したがって、発想の数を増やさなければならない。とはいえ、ひとつだけでも大変なのに、それをいくつもといわれても難しい。妄想であるなら、どんな馬鹿げたものでもかまわない。むしろ、常識外れで笑いがとれるくらいのほうが面白い、ということになる。妄想が発想とは別のものとして許されているならば、一気に「発想」の堅苦しさが抜け、これでもかこれでもかとアイディアが出てくるだろう。どんなに悪ふざけをしても、これは妄想だから、誰も怒らない。心は軽い。

かつては、会社にはとびきりの妄想特区があった。「タバコ部屋」といわれる場所だ。快適とはいえない狭い部屋や非常階段で、体に害があると証明されている喫煙を止めない「同志」がいる。それが会社での地位や職種を超えて妙な対等意識をもたらし、何気ない世間話から自由闊達な議論につながる。思いもよらぬ妄想が生まれ、それが発想となりかけるわけだ。ただし、その妄想が発想となり現実化された話はあまり聞かない。タバコ部屋を出た瞬間、「同志」ではなく上司と部下、自部門と他部門に戻るからだろうか。

いずれにせよ、**優れた発想は非常識の陰に隠れている。**非常識を組織の中で展開するのが怖いとすれば、あとは、発想と妄想は違うものだと正式に区別し、発想段階の前に妄想段階というものをセット（オーソライズ）すればよい。妄想のあとに、ちゃんと発想という作業があるわけだから、少々の悪ふざけには目をつぶってもらえるだろう。**「妄想をする」ことが発想に向けて必須作業だといわれれば、非常識を気にする必要がない。**

発想は偶然の産物でもあり、運を天に任せて、という受動的な部分がある。しかし、ありがたいことに妄想は「よし、いっちょう面白いことを考えてみるぞ」と、ヒーロー願望が生まれ、楽しく能動的に行いやすい。まずは、発想と妄想を確実に切り分け、思い切り羽目を外して妄想を楽しむことをお勧めしたい。

顔をしかめる人がいないアイディアは考え直し

若手の教育の一貫として、自社の新規事業を構想させるケースが増えてきている。が、それがうまくいったという話をあまり聞かないように思う。こうした若手主体の

「特命プロジェクト」にとっての「一番長い日」は、経営陣への報告会だ。

プロジェクトメンバー側にとっては、いろいろな軌道脱線と修正を繰り返しながら数カ月かけてようやく到達できたものだ。これを、たった数十分で話さなければならない。どんなに素晴らしい内容でも、それを100%説明できるわけではない。むしろ、「新しいこと」へのチャレンジを期待されているという思いが強すぎて、話がトリッキーな内容にもなりがちだ。

さらに、承認者側の評価の難しさは第1章でも触れた通りだ。人間は自分の考えていることを、何もいわないのにいい当ててくれるような人を優秀だと思う傾向がある。持ち込まれたアイディアが自分の発想の枠を超えてしまうと、それは間違っていると思いがちだ。ただ、せっかくの若手のアイディアを上席者として否定ばかりするわけにもいかない。何か彼らの役に立てることはないかと、アドバイスしようとする。するとどうしても、発表内容の不整合や漏れを指摘する、否定的、批判的なものになってしまう。これを理解するために、次のようなシーンを思い浮かべてほしい。

「女性向けの鞄を開発してほしい」と、男性管理職が若手女性社員に頼んだとする。しばらくして企画があがってくる。男性管理職はそれを一目見るや、「ああ、まさに君たちに考えてほしかったものはこれだった！　素晴らしい」と感嘆の声をあげる。

これは商品の企画として成功だろうか。いや、きっと違うだろう。

むしろ、依頼を受けた若手女性社員からの発表を聞きながら、男性管理職が首をかしげる。心の中で、「本当にこれは女性が求めているものだろうか」と訝しむ。そして彼女たちに対して「例えば、これはどんな女性がどういうときに使うものか」と、特定のシーンを尋ねる。こんな問答を繰り返したあとに、「なるほど、そういうものなのか」といわば半信半疑のまま論理的にそれを納得し承認しようとする。こちらのほうが商品企画として成功の匂いがしないだろうか。

私が今までに見てきた多くのケースは、あまりにも「相手の採点方法」を読みすぎているというものだった。

どこにでも、目端の利く社員がいる。社内の事情を熟知し、社内基準という観点からアイディアにアドバイスをする人たちだ。誰かがアイディアを出そうとすると、

「あ、それは〇〇部長的には、イラッとするものだ」とか「もしそれをいうなら、こういうかたちでもっていくとよい」など、顧客へのイノベーションや会社の競争力強化は放り出し、いかに「評価者の常識に埋め込むか」に終始する。

承認されなければ実行はないという状況において、企画者側としては身を削る思いでの妥協に違いない。承認者がもっと柔軟に考えてくれたら、と願うが、それは無理だ。そして承認者はこちらで決められない。それが企画だ。

逆にいえば、**簡単に了承されるアイディアは、相手にとって理解しやすいアイディア、すなわち目新しさのないもの**だということになる。新しい発想とは、誰もが考えなかったもの、つまりは今までの常識からすると、どこかに非現実的な危うさを含んでいるものだ。したがって、「相手にウケるか」などという発想は吹っ飛ばしてしまうべきだ。そのための妄想だ。むしろ、相手が椅子から転げ落ちたり、頭から湯気を出したりしている姿を想像して楽しめるのが妄想だ。

私は妄想を行うたびに、「このアイディアを説明したときに、参加者の中で顔をしかめる人がいるかどうか」を想像し、もし「いない」ならば、考え直しだということにしている。

「数字」は妄想の友

「数字（儲けの額）が入れられないなら、そんなものは新事業とは認めない」「そこで予想している売上に、（君は）責任をとれるのかね」

新事業の開発などで、よく上司から発せられる言葉だ。上司は「企業経営とは夢物語ではない」ということを社会に出たばかりの若者に伝えているつもりなのかもしれない。しかしその一方で、夢物語と紙一重かもしれないが、儲かる（数字になる）画期的なアイディアを求めているのも上司だ。

結局のところ、**「夢物語に近い新発想で、しかも確実に成果が出るもの」を探すことになる。行く先は、事例探しだ。**どこかの企業の経営者が果敢にリスクにチャレンジし、見事成功を収めた事例を参考にしようとする。「自社の経営者はここまでのリスクを負えるだろうか、いや無理ではないか」などといろいろ想像した挙句、結局は、「当社でも実行できそうな事例はないか」となってくる。最後は、誰もが考えるようななんの新鮮さもない猿真似的なアイディアになってしまう。

企画には矛盾がある。

確実に数百億の利益をあげるとわかっている事業なら、誰かがとっくに始めている。

だからこそ、それを超えるアイディアが欲しい。一般的にアイディアの先端性と実現性は反比例する。どちらをとるべきか。当然、先端性をとるべきだろう。そこで、尖ったアイディアをたくさん出す。次から次へと出しまくり、もうこれ以上ないと、へとへとになった時点で、実現性を考えて絞り込む。いわゆる発散と収束だ。

アイディアが偶然の産物であるなら、偶然の回数を多くするだけの話だ。

ところが、企業内では、しばしば、「アイディアだけで終わるな、必ず責任のもてる数字を入れてこい」といわれてしまう。本人からすれば、「社会人のくせに、夢物語ばかりで現実を見ていない」と大勢の前で非難されるのは恥ずかしいことだ。このため、「今、こんな事業が儲かっているから」「今、この市場が成長しているから」という、後追い発想から抜け出せなくなる。だから、そこそこの数字が達成できそうな、既存の事業を焼き直しただけの企画をつくってしまう。

では、数字は妄想の敵なのか。

いや、そうとも限らない。数字（求められる効果）が大きいということは、今までの延長線上ではできないスケールの企てが求められるということだ。今の利益を「5%上げろ」といわれるのと「30%上げろ」といわれるのでは、求められるものがまったく違うはずだ。前者は「今そこにある問題を解決する」ことで達成できるかもしれないが、後者は少なくとも「既存の課題のすべてを一気に解決」したところで到底達成できないだろう。つまり、これまでと違うまったく新しいものを考えざるを得ない。

私の拙い経験では、日本企業は、「改革目標の達成」よりも、「今できることの最大限の実現」を重視するように思える。つまり、改革目標があまりにも大きい場合、「それを実現するために何かを発想する」ことよりも、「まずは今やれることを片っ端からあげていく」というアプローチが推奨されているように見受けられる。「非現実的なアイディアをこねくりまわしている暇があれば、どんどん目の前の課題の解決策を考え、それを積み上げて目標を達成するんだ」という思想だ。

もちろん、今、おびただしい数の問題とその解決アイディアが存在し、それらを実行すれば優に目標を超えてしまうのであれば、それが一番確実で早いアプローチだろう。

でも、そうでない場合にはどうすればいいのか、「目標値」そのものの妥当性を考えなければならない。そして目標値を達成しなければ死活問題だという場合には、どんな悪いアイディアだろうが、それは貴重な意見となる。求められる数字が大きいほど、妄想は支持されるというわけだ。

すでに目標が与えられ、それを実行に移すというタイプの企画の場合には、すぐに妄想に飛びつかず、まずは与えられた数字の背景を認識し、その妥当性を考えるべきだ。もしそれがあまりにも大きすぎると思ったときには、勇気をもって、それを理解してもらうことが肝要だ。いわゆる**期待値をコントロールする**ということだ。

私の経験では、はじめにこれをやってみると、「そうそう、現実的なものなら、とっくに考えてしまっている。それを超えたものが欲しいから、現実性よりも、まずは大胆な発想をしてほしい」と、**妄想の免罪符を手に入れられる**ことが多い。目標の大きさとアイディアの先端性について相手が認識するわけだ。

これを最初にしておかないと、あとになって、いつものように企画の承認者側から「非現実なアイディア」だと非難され、「責任をとれるか」といった、いわゆる「後出しジャンケン」にあうことだろう。

「あるべき姿」「顧客の声」の呪縛から抜け出そう

企画というと、すぐに思い浮かぶ言葉が「あるべき姿」だ。

普段の生活ではほとんど耳にしないこの言葉だが、企画とか戦略立案とかになると急に出てくる。もし、本当にあるべき姿が発想できるならいい。だが、この「あるべき姿」という言葉の怖さは、一般的に誰もが正しいというようなものに追従させる魔力があることだ。

通常、経営戦略立案などでは、経営環境を分析し、そこでとり得る戦略のオプションを検討し、「あるべきビジネスモデル」に落とし込むという方法がとられている。自社の強みとされる事業や資産を、詳細に行われた市場調査や分析結果に適用してみて、うまくいきそうな企画を導き出すというわけだ。ただし、この方法で発想する場合、本当に新しい発想にたどり着くことは難しいと思われる。

そこには**過去の輝かしい成功体験の中で培われてきた「常識」が存在し、「自社の強み」はそれを基準にしたものであり、強みを活かそうと考えれば考えるほど、既存**

の事業と大差のない企画しか生まれないことになる。

ここで、ちょっと発想の仕方を変えてみよう。突然だが、こんな場面を想像してほしい。

あなたの家に、大事なお客様がいらっしゃることになった。その方はステーキがお好きだと聞いたことがある。ところが、「何かないかな」と冷蔵庫の中を見回していると、昨日親戚が釣ってきたという魚の刺身が目に入った。そこで、「この暑い盛りにステーキを出すよりも、お子様もいらっしゃることだし、手巻き寿司大会はどうだろうか」とひらめいた。

実際に出してみると、「こういうのが食べたかったんです」とお客様も大喜びのご様子だ。お客様が口に出したニーズとはまったく違うものを出したが、お客様の真のニーズに対応できた。より正確にいえば、真のニーズを喚起したということになる。言葉はあてにならないものだ。

従来の発想法に当てはめれば、「このお客様はステーキが好きだ」という事前調査結果をもとに「美味しいステーキ」が「あるべき姿」となる。お客様は、「手巻き寿司が食べたい」とは一言もいっていない。ただ、あなたが自分の家の冷蔵庫を見回したときのごく自然なひらめきが、大ヒットにつながったわけだ。

ソニーのウォークマン誕生秘話には諸説あるが、きっかけのひとつは「超小型モーター」の誕生だったという。既存のオーディオ製品は、そこまでモーターが超小型である必要がなかった。ましてや通常の価格より高いものを使う理由はない。では、超小型モーターを使って何か面白いことができないか、これがウォークマンを生んだわけだ。事前の市場調査で、消費者から「電車の中で音楽を聴きたい」という声があったわけではない。マーケティング調査的に考えれば、「消費者はウォークマンなど望んでいない」ともいえたはずだ。

ところがどうだろう、ひとたび商品が出るや、「これぞ私が求めていたものだ（これを開発したソニーは私のニーズをよく把握している）」となったわけだ。

お決まりの「あるべき姿」「顧客の声」を追いかけることにとらわれず、ふと「あ、こんなものが今自社にあるということは、こう使えるんじゃないか」と考える発想法が思わぬアイディアを呼び込むことがある。特に「妄想」の段階では、この発想法のほうがはるかにパワフルだと思う。

ある日、新しい技術が開発された、あるいは新しい法律が施行された、今まで自社にいなかったような新しい能力をもった人材がやってきた。こんなときに、「これを活用して何か面白いことができないかな」と、手垢にまみれた「あるべき姿」という言葉を忘れて、妄想してみることをお勧めしたい。

「別にやらなくてもいいじゃないか」が新発想を引き出す

ある日、あなたが「営業部を強化しろ」といわれたら、どうするだろうか。まずは、「営業部門の課題は何か」を考え、それを知るために「営業部にヒアリングをしよう」と思うのではないだろうか。これは別に悪い話でもなんでもなく、普通の発想ではそうなるだろう。それでは今度は、「営業部強化のための企画をつくれ」といわれたらどうだろうか。真っ先に企画書のフォーマット、審議プロセスなど、どうやってそれを進めていくかを考えるのではないだろうか。そうすると、妄想どころではなくなる。

企画の最初の段階において、私は決まって「別にやらなくてもいいじゃないか」と心の中で呟いてみることにしている。この例でいえば、「別に営業部なんか強化しなくてもいいじゃないか」と思うわけだ。そして、もし何もしなかったら会社としてどんな問題が顕在化するだろう、その兆候は、いつ頃、どのようなかたちで見えてくるのだろう。さらに、放置すれば、それはどのくらいの時期にどんな大事件となるのだろうか、などと想像してみる。さぞかし大事件が起こりそうだと思いきや、不思議なことに、すぐにはこれといった大問題は頭に浮かばない。

これは、問題がそこにないのではなく、自分自身が状況を把握していないということかもしれない。むろんどんな組織も、強化しないよりは強化したほうがいい。でも、なぜ「今」、強化しろといっているのだろうか。「別にやらなくてもいいじゃないか」を考えると、さまざまな疑問がわきあがってくる。

ここでもうひとひねり加えて、自分に質問する。「営業を強化しろといっているが、営業なんかなくてもいいじゃないか」。さらには、「もしあるとき、営業部門がストライキを起こしたとして、それでも顧客からの要請に応えるにはどうすればよいだろうか」とエスカレートしていく。私の場合、それに対する他組織の突発的な対応シーンのようなものが浮かぶ。

例えば、「毎日、顧客のところにメンテナンスにいっているサービス部門が営業を代行する」「すべての商取引をネットで行う」等々。さまざまなワイルドアイディアが、社会人としての常識のフェンスを打ち破って出てくる。

「そもそもサービス部門は、日々、顧客が困ったときに対応をしているし、技術的な質問にもその場で答えられる。ということは、営業の代行どころか、むしろサービス要員の営業化もあり得るのではないか」。実際、これについては、ノギスなど単体の測定機具を販売していた会社が、三次元測定機のように用途は同じでありながら、製品が単体器具からシステムに変わってしまったときに、メンテナンス要員を営業にシフトさせ大成功した事例がある。

さらに、物流に関する議論で考えてみよう。「東京から大阪に荷物を送りたい。5分で配送を実現する方法はないか」と口走れば、間違いなく周りの失笑を買うだろう。なぜ笑われてしまうのか。それは、一番スピードが速いのは飛行機、それでも1時間くらいかかるのは誰でも知っている。なのに5分を求めるというのは、常識を大きく逸脱しているからだ。ただ、「常識」にとらわれていたら新発想にならない。常識の裏側にある制約を打破したい。そのためにはあえて妄想を膨らませ、失笑を買ってもよい。

ここの例では、ドラえもんの「どこでもドア」か、もっと大人風の言い方にすると、SFの世界によく出てくる「テレポーテーション」か、とでもなる。そんなとき、ふと誰かが「ところで、そもそもその荷物は、なぜ送らなければならないのか」とか「その荷物自体が不要になる方法はないか」と呟く。

「なくてもいいじゃないか」。
何かを改善しようとか、
どうやってそれを得るかといった議論の際、
この言葉が、一気に固定観念を破らせるときがある。

自分が精通しているとはいえない領域での議論、あるいは固定観念の強い難航する議論の際に、簡単で効果的な発想転換法として重宝している。

第3章

発想編

頭の中にぼんやりと仕切りをつくってみよう

妄想と発想の境目

無法地帯ともいうべき妄想。そこからある論理性に基づきアイディアを整理していく段階を、ここでは発想段階としている。

妄想のほとんどが、よほど親しい人か、酒の席でしかいえないようなものであるなら、発想は人に伝えても大丈夫、すなわち、常識を疑われたりしないものだ。ある程度論理的な整理を行うに当たり、抜け漏れや着眼点の有効性を確かめるためのちょっとしたチェック項目を、コツとして紹介させていただきたい。

それは「仕事」か、それとも「作業」か

仕事と作業。よく似ているような気もするし、どちらか片方がもう一方の一部になっているような感じもある。それぞれいろいろと定義はあるだろうが、私なりの考え

方を述べると、**作業は「あらかじめプロシージャー（手続き）が決まっていて、その通りやれば成果が保証されるもの」**、**一方、仕事は「あらかじめ期待成果が決まっていて、やり方は任せられるもの」となる。**

例えば「頼みたい作業がある」というのと、「頼みたい仕事がある」というのでは、ニュアンスが違う。

「頼みたい作業がある」という場合、依頼者の頭の中には「この通りにやってくれ」という手順がある。逆に「頼みたい仕事がある」という場合、依頼者はどうやってその仕事をやるのかは決めていない。やり方は任せるから、いつまでにこういう成果をあげてほしい、とお願いしているわけだ。

よく、仕事を渡されると、「どうやってやるかを、もっと明確にしてほしい」と文句をいう人がいる。こういう人を見ると、私は、この人は自分に与えられたものが仕事ではなく作業だと捉えているんだなと思う。作業は決まり通りやればいいわけだから、ある意味、考える必要がない、つまり、楽だ。ただし、退屈でもある。

一方、仕事として何かを渡されると、「これを3日以内にだと？　やり方もわからないのに、何を虫のよいことをいっているんだ」と愚痴をこぼしたくなることもある。

だが、うまくできたときの喜びは大きい。

私は、仕事、作業について、こう思うことにしている。作業は「誰にでもできること」、仕事は「誰にでもできるというものではないこと」。もっといってしまえば、仕事は「普通に考えればできないことを、その人なら、と思う人に頼んでやってもらうようなこと」、大袈裟にいえば、その人に奇跡を起こしてください、というものだ。

日本が工業化社会で成功した背景には、製造業の圧倒的な競争力があったわけだが、その成功要因は標準化だった。すなわち、さまざまな工程を極限まで標準化し「作業化」することで「普通の人がエキスパートのように活躍できる」環境をつくり上げてきた。まさにこれが日本を経済大国へと導いた。

だが、その工業化社会も終焉を告げた。今やサービス化社会である。標準化が武器ではなく、個の自由な発想や異例対応力が競争優位性を左右する。ところが、日本のサービスはこれまで通り、このサービス化に対して標準化（マニュアル化）で対応しようとしているように見受けられる。

例えば、日本企業の上司は欧米企業に比べて、部下にていねいな指示を出すことが多いような気がする。ここでいう「ていねい」とは、「これをこうしてこうやって、それからそれを」というような手順を説明しているということだ。一部の部下はそれに慣れすぎて、失敗したときは「あの人（上司）の指示が明確でなかったから」と甘えているような部分がある。

たしかにこれだと、部下はいわれた通りやれば成果は出るし、出なければやり方を指示した上司に責任があるといえるので、楽だ。

さらに怖いのは、メンタリング制度、３６０度評価などの導入を背景に、こうした事細かなやり方まで指示できる上司をよい上司と評価する風潮があるように感じることだ。自分でアイディアを出し、自分でものを考え、成果を出したときの達成感は、何よりも人を育てる。ところが、せっかく「仕事」があるのに、上司がわざわざ部下のためにそれをかみ砕き、「作業」にしてしまってはいないだろうか。

昨今、この**標準化絶対論の脅威は、ものを考える仕事の代表である「企画」の世界にまで迫ってきている**ように見受けられる。象徴的なのが、**「企画書のフォーマット化」**だろう。フォーマット自体が悪いとはいわない、ただ埋めるときの意識が問題だ。今、自分に求められているものは、フォーマットを埋めていき、埋めれば完成するという「作業」なのか、それとも、期待される成果だけが明確で、やり方は全部任せる（すべての最後にフォーマットを埋める）、という「仕事」なのか。決めるのは、指示する側でなく、やるほうの人間だ。**企画を作業としてこなせば、そこにあるのは意見調整、組織調整だけだ。こんな退屈でストレスのたまるものはない。**

「問題」と「問題点」は区別できているか

「重要な企画プレゼンテーションの日の朝、目覚まし時計が壊れていて寝坊してしまった。すぐに支度をしてタクシーに乗り込んだが、朝の渋滞に巻き込まれて、大幅に遅刻をしてしまった」
この文章の中から、「問題」と「問題点」を抽出せよ。

こう質問をすると、ほとんどの人は答えに窮して考え込んでしまう。正確に問題と問題点を分離できる人は、なかなかいない。国語的にいえばいろいろ解釈があり、問題と問題点という言葉の間には厳密な違いはない、となるのかもしれない。ただ、思考という観点からは、この2つを分けて考えてみたほうが、頭が整理しやすい。

私は個人的に、**「問題」については、「困ったと思われる事象」全般のこと、「問題点」については、（困った出来事ではあるが）工夫をすれば防げた（コントロール可能だったかもしれない）事象、というように分けて頭を整理するようにしている。**

前述の例でいえば、問題は、遅刻してしまった（顧客の信頼を失った）こと、目覚まし時計が壊れてしまった（出費がかかる）こと、だ。一方、問題点はどのようになるだろうか。例えば、「その日は、いつもと比べものにならないくらい遅刻のインパクトが大きい。それを知っていながら、いつものように目覚まし時計をひとつだけしかセットせず眠りについたこと」「朝は通勤ラッシュで渋滞が起こることを知っていながら、タクシーを使ったこと」など、いろいろあげられるだろう。

目覚まし時計が時折、電池切れや故障を起こすことは誰もが知っている。もし、翌日がそんな重要な日であるならば、目覚ましをもうひとつかけておくとか、あるいは、電話で起こしてくれるよう友達にでも頼んでおくべきだったかもしれない。渋滞にはまってしまった点については、電車よりもタクシーが早いとはいえ、そしていくら急いでいたとしても、それが渋滞の起きやすい朝であれば、交通情報を確認してから決断するべきだっただろう。

ただ問題点は、いつも一意に決まるものではない。人によって常識となるものが違うからだ。目覚まし時計が壊れるものだとまだわからない子供や、遅刻に対して寛容な国であれば、それは問題点にはならない。その代わり、違うものが問題点になる。もうひとつの例で確認してみよう。

「売上が下がっている」といわれた場合、これは問題だろうか、問題点だろうか。

売上が下がって喜ぶ人はいない。当然のことながら問題だ。では、これは問題点だろうか。例えば「業界トップ5社は売上が下がった。うち、当社以外の4社は下げ幅が3％程度、当社は10％だ」という場合はどうだろうか。業界5社それぞれ事情が違うのは当然だ、だが、5社中他の4社はほぼ同じ程度で、自社だけが突出して売上の減少を起こしているというからには何かある。自社に何かコントロールでき得る改善ポイントがある、つまり問題点だと考えるのが自然だ。

一方、「5社とも計画以上に売上が上がった」という場合はどうだろう。売上が上がったのだからここには問題はない。ところが、他の4社は成長率が10％だったのに対し、当社のそれは3％だったという場合は、何か工夫が必要そうだ。したがって、問題はないが、問題点はあるということになる。

繰り返しになるが、ここでの区分けは、あくまでも私の中だけのものだ。問題と問題点だが、この辺が整理され分離されれば、議論が大幅にスムーズになるはずだ。

「問題点」を「前提」と置き換えると一気に思考は自由になる

前々職、メンバーが「問題」ないしは「問題点」という言葉を口にするたびに、私は「それは問題とか問題点でなく『前提』だ」としばしば直した。将棋で、歩が飛車のように縦横自由に動けないのは、問題ではない。その前提でゲームが行われているわけだ。

企業のグローバル化を例にとって考えてみよう。これを妨げる問題として、「グローバル人材の不足」、さらには「英語力の不足」がよくあげられる。英語力の不足は、もちろん解決しなければならない。しかし、それは本当に「今」議論すべき「問題点」なのだろうか。

言い換えれば、時間的制約の大きい中で、今それを議論することは得策なのだろうか。現在の平均的な日本人ビジネスパーソンが、求められるレベルの英語力に達するためには、どう短く見積もっても最低2年くらいは必要だろう。もし特効薬があるとすれば、それはグローバル・ビジネスの中で鍛えるということで、それではまさに、「鶏が先か卵が先か」の話になってしまう。

目的はグローバル化、しかし社員の急速な英語力強化は期待できない。ということは、「英語力の不足」は今この時点で解決のための議論に注力するべき「問題点」ではなく、それを「前提」と捉えた場合に、「どのようなグローバル化のモデルになるべきか」を議論すべきだ。

ゼロベースで何かを考えようとしても、慢性的（絶望的）な問題がそこに寝転んでいては、とてもじゃないが新鮮な気持ちにはなれない。

今すぐ解決できない「問題点」をだらだらと考えている状態ならば、問題点を前提、つまり「ゲームのルール」だと置き換えればどうだろうか。一気に思考は自由になる。

何よりも、ゲームが俄然面白くなるはずだ。さらに例をあげよう。

ＩＢＭがあるサービスを始めたとき、競合他社はいなかった。当然、ＩＢＭの独壇場だった。そして数年経ち、他社が参入してきた。他社は似たようなサービスを安く提供する。当然、ＩＢＭのそのサービスは当初のようには売りにくくなっている。事業責任者である同僚役員は、この状況をいろいろなかたちで分析し、今のままではこのビジネスの成長がいかに難しいかを説明した。それを聞いた私はにわかに興味を抱き、彼に「『ＩＢＭのサービスの価格が、他社よりも高い』というのは、あなたにとって前提なのか、問題点なのか」と尋ねた。

もし、この状態が「問題点」であるとするなら、サービスの価格を下げるようにグローバル本社と交渉するか、さもなくば事業撤退を上申するしかない。もし「前提」であるならば、サービス全体の価格が他社より高くても、提供される価値はそれ以上であることを追求し、それを顧客に伝えることに尽力すべきだ。

ＩＢＭ時代の話は、もうひとつある。他社の人間から、よく「ＩＢＭはガチガチらしいですね」と同情（？）された。ガチガチ？　よく聞いてみると、日々のレポーティングやレビューが大変だということらしい。たしかにかなり大変ではある。

しかし、これが問題点かというとそうは思わない。

このガチガチともいわれるレポーティングやレビューこそが、投資家への厳格なアカウンタビリティにつながり、彼らはＩＢＭに安心して投資することができる。この結果として、ＩＢＭが新規事業に巨額投資し、数々のスマータープロジェクトが実現できるのだ。このガチガチを問題点だと思う人は、日々のレポートやレビューが少ない快適な企業に勤めればいい。ただしその場合、その企業は大きな投資ができず、世の中を変えるようなダイナミックな企画はできないかもしれない。

一方で、そのガチガチを前提だと思う人は、最先端テクノロジーを活用し、世の中を変えるというダイナミックなチャレンジを楽しめばいい。ある一見好ましくない事象、それを問題点と捉えるか、前提と捉えるかで、話はまったく正反対になる。逆にいえば、これを混同すれば、その先はない。

意外に難しい「課題」の整理

「御社の○○事業の『課題』をあげてほしい」と何も説明をせずにアンケートをとると、「売上が下がってきている」「営業力の強化」「営業支援ツールの早期導入」というような回答が返ってくる。この3つの回答を並べてみても、何かしっくりこない。というよりも気持ちが悪い。というのは明らかにそれぞれの次元が違うからである。先ほどの話でいえば、問題、問題点みたいなものに加えて、何やら解決策が書かれている。アンケートで聞かれているのは「課題」だったはずなのに、なぜこんなことになるのだろうか。

人はそれぞれに意見をもつ。そのいろいろな意見を収集したいからアンケートをとる。自然な考えだ。だが、一歩間違うと、人の意見の違いに、質問の解釈の違いが加わり、回答を見ると、まったくもって何を聞いていたのかわからなくなったりする。さらに最悪なのは、数百人に数十項目のアンケートを行った回答結果を表計算ソフト上に転記し、「コスト削減」とか「顧客満足度向上」とかのキーワードをつけて検索できるようにすることで、課題の背景や解決策を探ろうというものだ。いろいろな人の意見の方向性を効率的に把握する意図があるのかもしれないが、これでは言葉や表現の違いも加わり、さらにぶれてしまう。

「課題」という言葉は、あいまいかつ危ない言葉だと、いつも思う。あるときは問題点、あるときは解決策、と、それが指す意味の統一が難しい。私は、**問題点を発生**

させないようにするために必要な施策を「課題」としている。逆にいえば、課題を解決すれば問題点は発生しないわけだ。先の「プレゼンテーションの日に寝坊、タクシーに乗って渋滞に巻き込まれて遅刻」の例について「課題は何か？」と尋ねられれば、「目覚まし時計が壊れた」ことについては「壊れない目覚まし時計をもつ」「壊れてもいいように、目覚まし時計を2つもつ」というようなことが課題となる。また、「タクシーに乗ったら渋滞」したことについては、「タクシーに乗るときには渋滞情報を見てから」といっても、渋滞そのものがあればもうそれでダメなわけだから、「遅れそうな場合には、まずは連絡を入れる」とかそういうものを課題とすべきだろう。

そうなってくるとややこしいのは、「課題」と「対応策」の違いだ。両者もまた混同されやすい。事実、問題点が具体的で小さいものであれば、課題イコール対応策となる場合があるかもしれない。私は、対応策はアクションと呼ばれるものと同意で、「人にそのまま依頼できるくらい具体的な施策」としている。例えば「英語を学ぼう」と考えた場合、「英語学校に行く」というのは課題であり、「英語学校を決める」「英語学校入学の手続きをする」というのが対応策（アクション）となる。先の目覚まし時計の例であれば「目覚まし時計をもうひとつ買う」というようなものだ。**「課題」は、**

図3-1　問題の構造

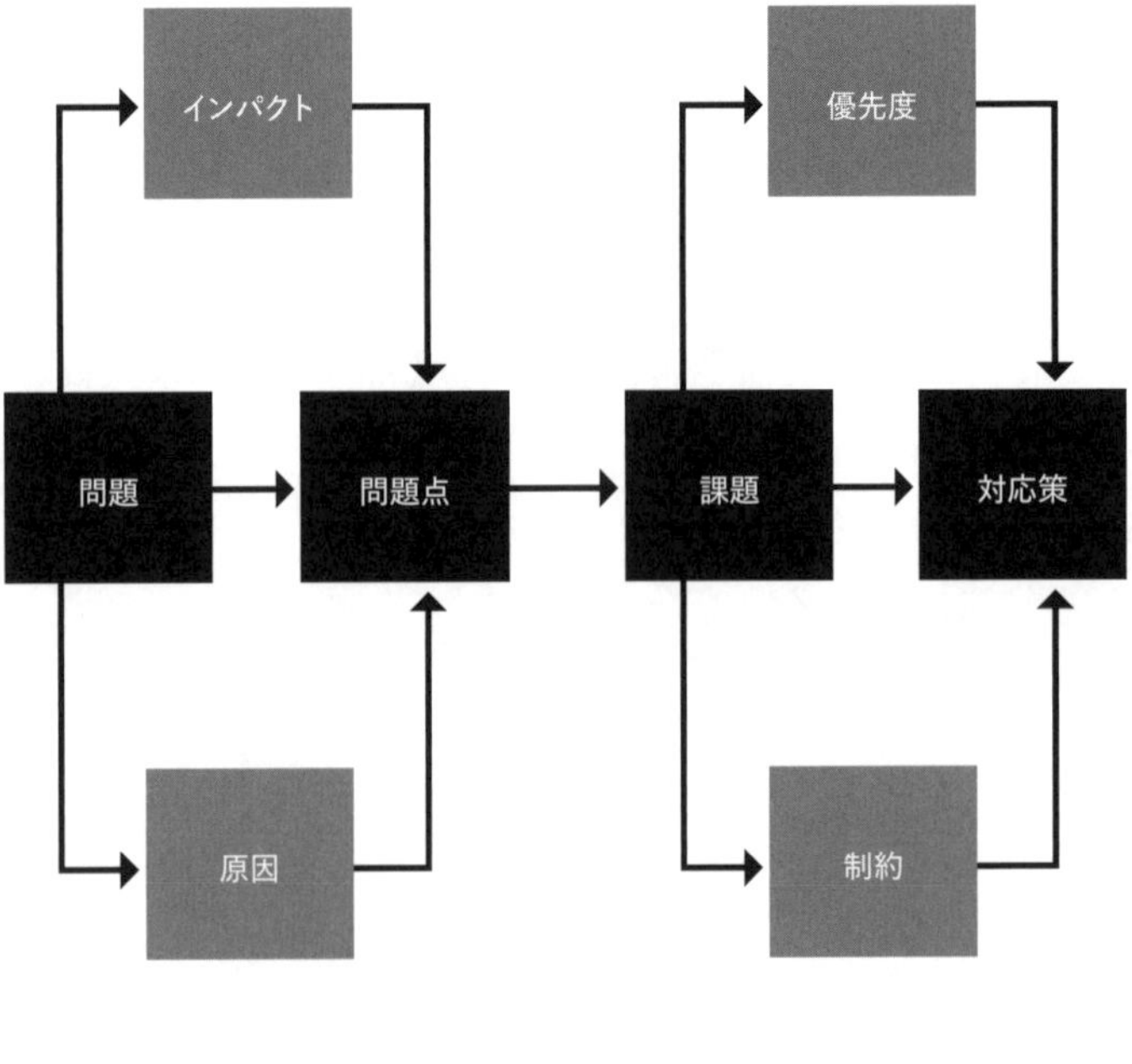

問題点と対応策の懸け橋のようなものだ（図3－1）。問題点を起こさせないための対応策を考え始めると、いろいろな種類のものが浮かぶ。それらをグルーピングし始めると、課題の姿が浮かび上がってきたりもする。

いくつもの問題があるうち、コントロール可能だと思われるものを問題点とすることはすでに述べた。問題点は問題全体の中から抜粋するものだ。

そして、**課題は問題点ひとつひとつに対応している**。ただし、**問題点ひとつに対して課題は複数存在する場合もありえる**。つまりは、複数の課題を解決することで問題点が解決されるということだ。

さらに**対応策となると、課題に対して複数存在する場合が普通だし、課題解決の方法にもいくつかのパターンが存在しそれを選択する**という場合もある。いずれにせよ、対応策を唯一の解決策だと決め打ちするのはあまりにも危険だ。対応策をいうと、話が妙に具体的になったりするので喜ばれるときがある。だが**対応策の安易さこそ、企画失敗の最大の原因**だと強調しておきたい。多少回りくどくもあり、抽象的になるかもしれないが、そこは周りの冷たい視線をぐっとこらえて問題、問題点と正攻法で考えていくことだ。そして課題まで進み、その対応策を考え始めた段階で、本当にそれ

図3-2　問題点、問題、課題、対応策の関係

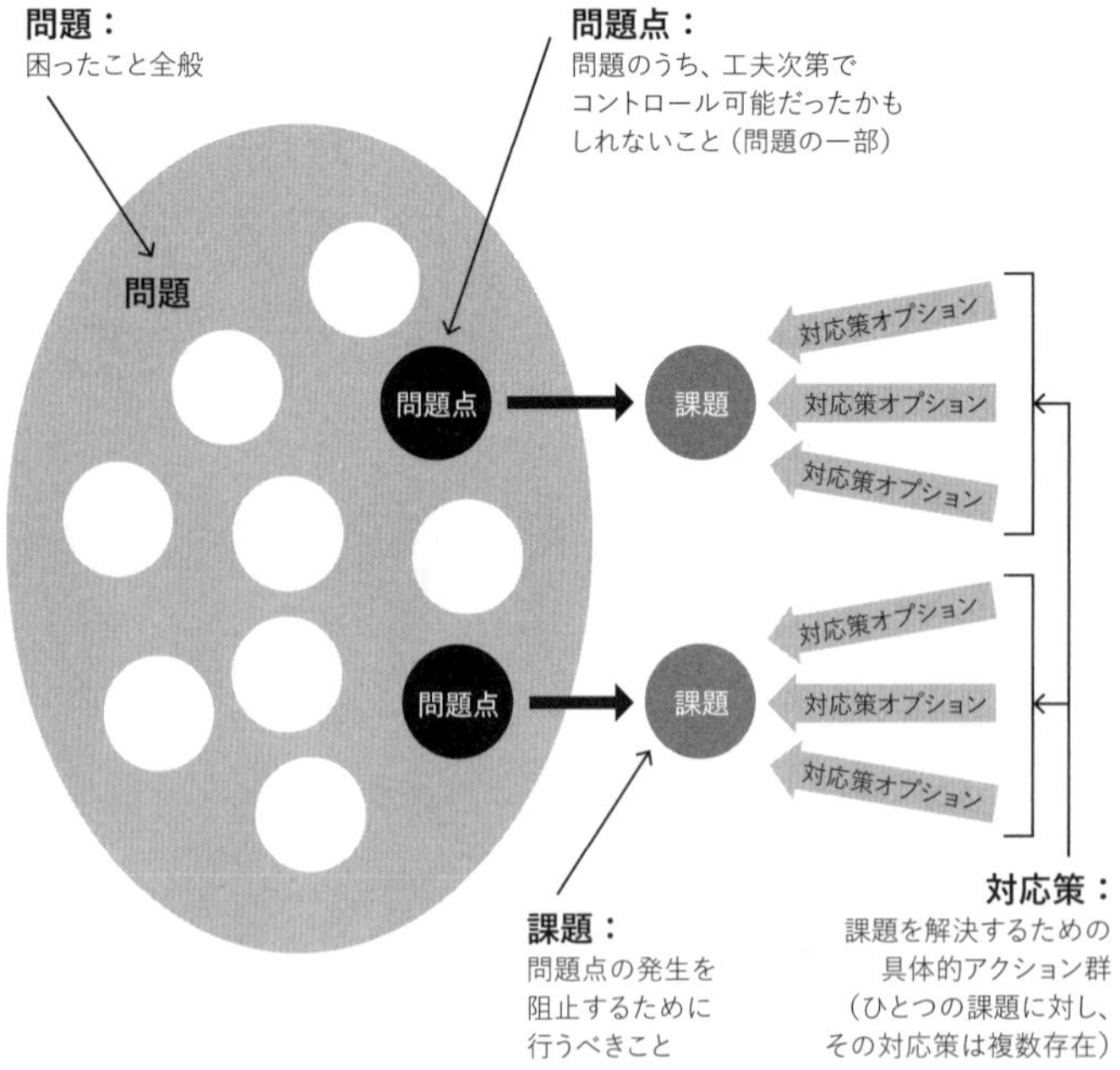

が問題点なのか、それが課題なのかと、必要に応じて戻ったり進んだりしながらの試行錯誤を行ってみることが重要だ（図3-2）。

時に、昨今では、「ソリューション」という甘美な名の対応アクションで、物事の解決を図りそうになる。これは危険だと思う。たしかに、その問題点はソリューションによって解決しそうだ。ただ、ソリューションは、対応策決め打ちの方法だ（図3-3）。問題点を解決する方法はひとつとは限らない。ひょっとしたらもっと速く安く確実に、問題を解決できる方法があるかもしれない。

例えばもし「売上低迷」の打開を行いたいというのならば、それを「新製品の投入」で解決するのか、「営業スキルの高度化」で解決するのか、解決の方向性、すなわち「課題」をまず明らかにしたい。

ただ、ここでの分類も私が便宜上定義しているもので、「これこそが正しい課題の定義だ」というつもりは毛頭ない。さらにいえば、「問題点」「課題」「対応策」という言葉はどうでもいい。大事なのは、いきなり問題点があってアクションにいきつくというのではなく、

図3-3　ソリューションは対応策の決め打ち

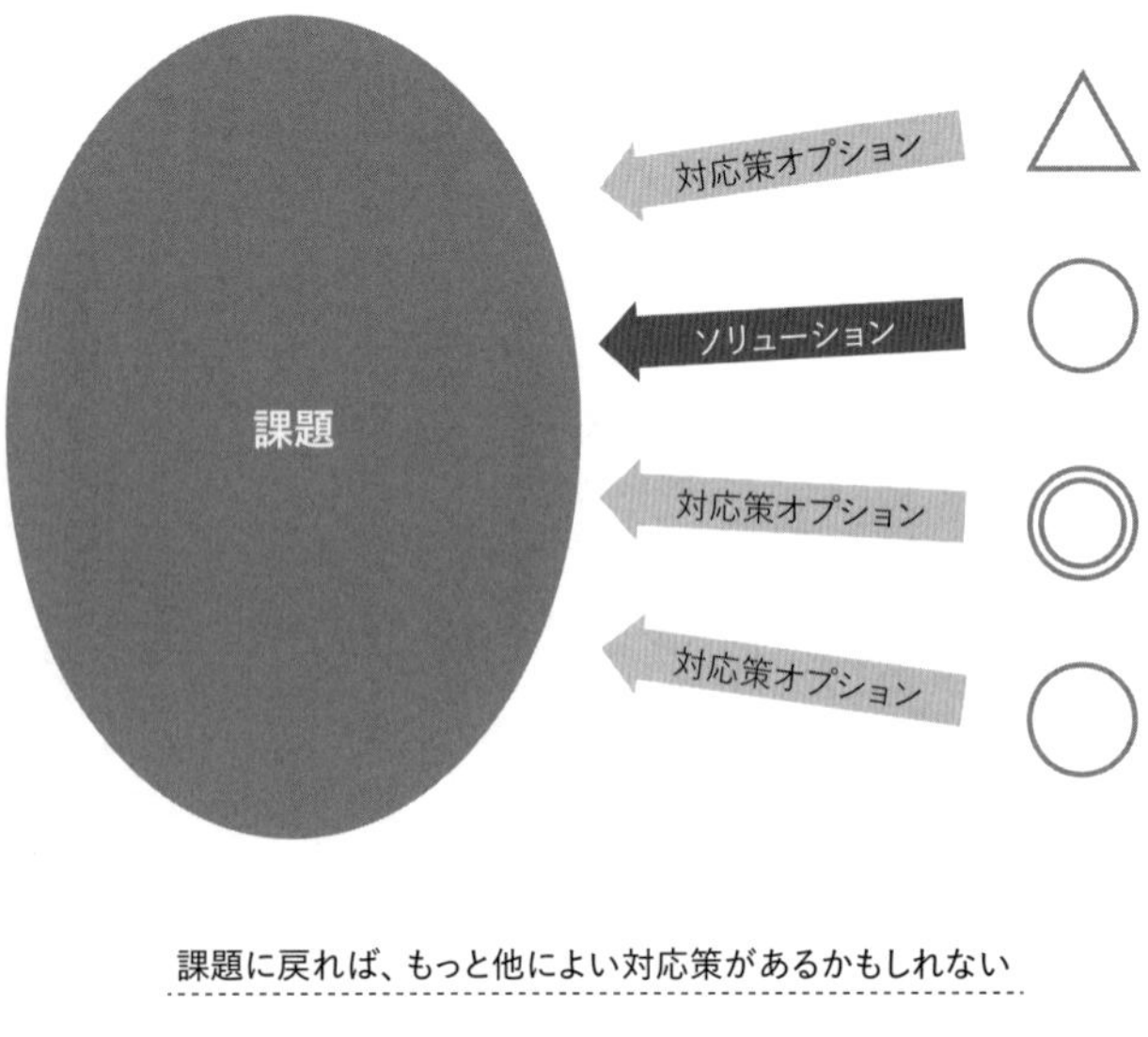

問題点と対応策の間に解決の方向性（課題）を入れて考えてみると急に考えやすくなる

ということだ。

「○○がない」は問題点や課題を説明していない

「当社の課題は○○がないことだ」という場合があるが、これは言い換えれば「○○さえすれば問題点は解決する」ということだ。

つまりは「手段」を表現している。問題点の解決策は一意に決まるものでなく、いろいろなオプションがあるはずだ。「○○がない」という表現は最初から解決策を決め打ちしているものであり、議論の広がりを制限する要因である。

例えば銀行で与信審査をするとしよう。銀行関係者のどなたに聞いても、与信の審査ほど難しいものはない、といわれる。事業のリスクマネジメントの重要ポイントとして、最終的な判断を下す責任者は相当な役職だ。その人が膨大な書類を見て、判子を押す。当然、その資料をつくるのには高いコストがかかるだろう。しかも責任者は、そうした資料を細部に至るまで確認することができない。「資料を読んだところで判断は難しい、だからその担当者の顔（評判、実績）を見て判断せざるを得ないこともある」という。

そうした銀行から「審査用のデータベースを構築したい」という相談を受けたことがある。審査用のデータベースによって、なんらかの問題を解決したいというわけだ。

そこで私は「現在の問題点は何か」と尋ねてみた。すると「審査用のデータベースがないこと」という答えが返ってきたのだ。つまり、「データベースがない」という問題点を、データベースをつくることで解決したいというのである。それで問題がすべて解決するなら、すぐにでも審査用のデータベースをつくればよい。だが、本当にそのデータベースがあれば、「どんなときにもピタリと判定できる情報」が手に入るのだろうか。ただし、それを指摘すれば、「それが簡単にはできないので、わざわざコンサルタントを呼んでいるんだ」といわれてしまいそうだ。

　実際に、ここでの問題点はなんだろうか。資料作成に膨大なコストがかかること、さらに、相当な役職をもつ高給取りの人間が時間をかけて審査していることだ。つまり、審査にかかるコストの圧縮こそが課題だったわけだ。例えば、年間に平均５、６回貸し倒れすることがあり、その平均額が約１００万円だとする。すると貸し倒れ総額は５００万〜６００万円となる。その金額と、「書類を用意するコスト＋責任者の年収」とを比較してみたらどうだろう。貸し倒れ総額のほうが低いなら、１００万円以下の貸し付けについては与信審査を廃止しコストを削減するという方法もあるはずだ。

　この話はほぼ実話であるが、この金融機関は、結局、高価なデータベースをつくることなく、審査ルールの見直しで対応し、うまくいっているそうだ。

　私は個人的には、「○○がない」ということを問題点ないしは課題だと規定している報告書については、その分析内容を原則疑い、注意して確認するようにしている。お手盛りの企画の見破り方のコツは、問題の捉え方、もっといえばその問題の構造化にあると思う。

「改善」「解決」「解消」を区別せよ

「問題」と「問題点」が明確になり、その解決に向けての課題が整理される。次はいよいよ具体的な対応の検討だ。

私は以前から、この問題、問題点、課題に関する研究に興味をもってきたが、ある日、東大の先端研で研究されていた妹尾堅一郎先生にお会いし、世の中、上には上がいると感心してしまった。先生は、問題学・構想学という学問を立ち上げ、広義の意味での「問題」の研究をされ、「問題の本質が理解できれば、問題解決の8割は完了している」という考えのもと、「コンサルタントのコンサルタント」を標榜されている。先生の話の中ですっかり魅了されたのが、この問題解決を考えるさまざまなメソッドだった。問題解決に関しては、「改善」「解決」「解消」があるという。

先生の例でいうと、「レアメタルが不足している」という問題がある。この解決方法についてはいろいろと考えられよう。例えば、「日本政府が中国と交渉し、レアメタルを安定供給できるようにする」というアイディアがあるとすれば、これは問題の

「解決」策になり得るだろうか。残念ながら、このアイディアでは問題を「解決」することはできない。いわゆる「今そこにある危機」は脱せられても、同じことがまた起きる可能性があるからだ。これは、問題を「改善」させたにすぎない。

では、「日本海溝はレアメタルの宝庫だ。ここに眠っているレアメタルを採掘できる技術を開発しよう」というアイディアならどうだろうか。実現可能性の議論はさておき、もし本当にそれが実現できれば、今後のレアメタル需要が天文学的に増えない限りにおいては、問題は完全に「解決」されるだろう。

さらに視点を換えてみよう。「レアメタルを使わない製品を開発しよう」というアイディアならどうだろうか。「レアメタルが不足している」という問題自体が消滅する。つまりは、問題が「解消」されるわけだ。大変に実践的なフレームワークだと思う。

問題解決に向けてのアイディアを出すと、そのアイディアが完璧でない限り、すぐに誰かが「でも」とその欠点を指摘し始める。解決策を検討する場でアイディアを出すのは、案外難しいものだ。

その理由のひとつが、解決策の視点の幅があまりにも広いからだろうと思う。すぐにできるものから、ＳＦ映画に出てくるようなワイルドアイディアまで、解決策のアイディアは多様だ。そして多種多様な分、どうやってまとめればいいのか悩んでしまう。

解決策をとりまとめるときに、この「改善」「解決」「解消」の3つがあると、整理が急に楽になる。

また、発想の盲点を浮かび上がらせるのにも有効だ。これで考えれば最低でも3種類のアイディアが生まれるわけで、自分がすぐに思いつくアイディアだけを解決策としてあげるという状況から回避できる。誰かと議論するときや、他人の企画をレビューするときも同じだ。

「あなたの解決策は問題を『改善』するものだね。では、問題を『解決』『解消』してくれる解決策はなんだろうか」と話せば、相手も「他に解決策はないか」と考えやすい。発散してしまいがちな解決策議論をシャープにまとめ上げる、そして、いつもとは違う部分の脳を刺激してくれる方法だと思う。

事例崇拝は両刃の剣

あるソフトウェア企業の経営者と話しているときに、欧米人と日本人との違いについて興味深い説明を聞いたことがある。

その人によれば、ソフトウェア製品について説明すると、日本人は必ず事例を求め、欧米人はその設計コンセプトを尋ねるそうだ。意訳すれば、日本人はその内容よりも、誰かがそれを使って成功していると聞けば（きっと自社でも成功すると）安心し、一方の欧米人は、その開発の背景やポイントを見て、自社の置かれている状況との差異を確認するということだろう。

企画を練っている最中に「キーマンのひとりである○○さんは、すぐに『事例はないのか』と聞いてくるから、事例をいくつか用意しておかねば」という話題になったりする。日本では、「事例＝正義」といわんばかりの事例崇拝者が本当に多いと思う。

もちろん発想だけがあって、それが実現不可能というのはダメだから、そういう意味で、事例があるということは重要だと思う。多少の真似であっても、実現可能性から考えれば、まったく誰もやったことがないものよりも、経営面での効率がよいという理屈は納得できる。

ただ、素朴に考えてみて、本当に事例は参考になるのだろうか。その事例が成功したのは、ある背景や状況があってのことだ。状況が違うのに、同じ製品を自社に当てはめたところで、それが必ず成功するという論理は成り立たない。ただ、さすがにその辺は、感覚的には誰もが知っていて、すぐになんでもかんでも事例を求める人も、実際に事例をお見せすると、必ずといってよいほど「この例は当社には合わない」となる。すぐに求められるのが事例だが、すぐに否定されるのも事例だ。

ある成功企業の事例を紹介しながら「当社でも、同じようなことをするべきだ」と提案したとしよう。それはいったい何を提案しているのだろうか。言い方を変えれば、その事例の自社への採用の是非は何をもって説明されるのだろうか。単に「成功企業と同じ業界にいる」「同じような業務プロセスである」というだけでは成功の予感がしてこない。やはり、「成功企業と自社は、同じ経営環境の中にいて、似たような脅威や機会を感じている」という説明が必要になってくると思う。つまりは、事例ありきでなく、やはりまずは経営環境に関する認識の共有化が先にあり、事例はその対応策のひとつにすぎないわけである。前節で述べたように、「課題に対して対応策は複数存在する」。もし、事例が先に来てしまえば、他にも存在するであろう多くの対応策を見逃すことになる。

前作『外資系コンサルタントの企画力』を執筆当時、インテージの執行役員でコンサルティング事業を統括していた笠原秀隆氏にお会いする機会があった。笠原氏は、コンサルティング部門のさらなる強化をすべく、自らが教材をつくり、経営の考え方をメンバーに教育しているという。その中で、「経営的発想ができるように教えるのは難しい」という話になった。特に「物事を大きく捉える」というニュアンスが、伝えにくいということだった。

笠原氏の話で特に印象的だった言葉は、例えば「アナ雪（大人気のディズニー映画『アナと雪の女王』のこと）が、なぜこれだけ流行っているか」を考える場合、どうしても、アナ雪と、一般的な他の映画作品を比べ、ここが違うあそこが違うと、その差異を整理し、（すでに成功しているという事実を背景に）「他の作品にないこの部分が成功の鍵だ」と説明したくなってしまう。でも、そのアプローチでは、結果からのなんとなくの理屈づけにすぎない。

本来あるべきは、まずはアナ雪から一歩離れて、「（アナ雪がこれだけ流行ったという）今の世の中、（映画とは別に）他にどんな商品が売れていたり、どんなものが流行っていたりするのだろうか」を考えるべきである。そしてそこから、その時代の特性や嗜好、および消費者獲得のためのルールを把握し、それに対してアナ雪という映画作品がどうアプローチしたかを考えるべきだ、というものだった。

たしかに、単に、「発想を大きく」といってもわかりにくい。そんな教え方があったのか、と個人的には「目から鱗」だった。

いずれにせよ、**事例とは、他の企業がやったことだ。多くの場合にはそれは成功している。ただ、所詮はもう誰かがやったことであり、それと同じ効果が出たとしても、論理的にはそれ以上にはなり得ないものだ。**

その限界と難しさをよく理解しておかないと、「よくわからないが、これで成功している企業があるから、きっと我々も同じことをすれば成功するはず」といった事例お化けのような企画書ができてしまう危険性がある。むしろ、**「事例があるか？」と尋ねられたら、勇気をもって「事例はありません（我々がはじめてです）」といえるようなものを考えたい。**

思い込み、考え違いを見つける4つの視点

ここは、別の著書である『戦略質問』でも説明している部分であるが、筆者は「企画が整理できた」と思うとき、その中に「思い込み」が混じっていないかと確認するときの方法がある。その視点を紹介させていただきたい。

●ズームアウト（Zoom Out）

直訳すれば「カメラを引いて考えてみる」になる。「なぜそれを考えるのか」を「そもそも」という形で考え直してみる。

●チェンジアングル（Change Angle）

その会社でのタブーを、あえて打破して考えてみる。従来から当たり前、決め事とされてきたことについて、今の時代感を考慮してその継続可否や過不足を考えてみたりする。

●ディープダイブ（Deep Dive）

グローバリゼーション、ＤＸ等々、本当に考えると膨大な工数や調整が必要なものについて、あえて5分程度で考えてみる。思考から枝葉がとれて幹だけが浮かびやすい。

●インサイドアウト（Inside Out）

経営者の頭もしくは心の中にある暗黙の野心やアイディアを引き出し、「言語化」「文書化」を行ってみる。人の話を聞く際に、メモをとりながらだと自然と自問自答が生まれ理解が深まったり、そこで新たな疑問、さらにはアイディアが出てきたりすることがあるのと同じ。

現在、筆者の実験を手伝ってもらっているトライファンズ社では、経営トップとの3回の会談で、戦略の仮説抽出、オペレーションモデルの検討、実行のミッシングパーツ（不足機能／能力）の整理をするサービスを展開している。

経営トップは、すでにご自身の強い思いで緻密な戦略を練っている。その戦略が本当に戦略性が十分に高いものかを議論する際、この４つのアングルでさまざまな質問をしている。

とはいっても、「確認」が目的ではなく、その過程で、経営トップご自身があまり意識していなかった重要なこと、新しいアイディア、考え違い、思い込みなどを発見されることがよくある。

第4章

構想編

発想をビジネスに変えていこう

ＷＨＡＴとＨＯＷ――戦略を練る

これまでは、自分の思考を「常識のフェンス」の外に出してやること、そして無法地帯にいる妄想群を論理的な「発想」としてひとつにつなぎ上げるためのポイントをお伝えした。

次は、「発想」を理解し支援してもらうための「構想」について考えてみたい。この構想作業は、いってみれば「戦略を練る」という作業だ。ただし、戦略には、「何をするか（ＷＨＡＴ）」と「それをどうやって実現するか（ＨＯＷ）」の2つの部分が存在するが、ここでの構想は前者、すなわちＷＨＡＴの部分が主体である。

小心者の私は、いきなりトップに対して「殿、この企画についてご決断を」とやるスタイルをあまり好まない。何しろ、長い時間と労力をかけて練られた構想を、その日に慌てて説明しても、完璧に理解してもらえるとは思えない。むしろ、説明の強引さに、何かしらの抵抗感を覚えられるのも無理からぬ話だと思う。

こうした「一か八か」を避けるためにも、構想作業を密室にせず、いろいろな人と意見交換をしておく。運がよければ、思わぬお宝アイディアが手に入ることもあろう。それがダメでも、「そんなことを考えているのか」といった小さな関心を生み、構想化に向けてのさりげない根回し効果につながっていくと信じている。

とはいえ、周りの人も暇ではない。**構想には、それを見た人々がつい「議論したい」と思ってしまうような、きらりと光る魅力が欲しい。**あわよくば、それが組織の中をひとり歩きし始め、人々の共感を得ていく、そんな流れが欲しい。その企画そのものには本来は反対する立場の組織や個人にも、「うん、たしかに一理あるな」と思わせたい。

そこにある発想を、いかに魅力的に構想として実装していくか。その着眼点のいくつかをここで紹介していきたい。

「今そこにある問題」にいきなり踏み込むな

ここでいう「今そこにある問題」とは、組織内でよく話題になる問題、すなわち、問題としてすでに顕在化しているもののことを示している。

「うちの会社は問題だらけです」と、経営者の方々は謙遜してそう話される。しかし、問題がまったく見当たらない企業など存在しようがない。仮に存在していたとすると、それはよほどの既得権益事業か、あるいは問題を発見する能力が著しく劣った企業だとしか思えない。

例えば、次のような例を考えてみてほしい。


すべての従業員の方々に、思いつく限りの問題をヒアリングし、巨大な問題リストをつくったとしよう。もし、これら全部をコンサルタントが見事に解決した場合、この会社はどうなるだろうか。


長年、業界3位だったこの会社が1位になっているだろうか。私には、まったくもってそうは思えない。

社員の方々がアンケートやインタビューなどで指摘する問題は、いくらどんなものでもいいといっても「無意識の常識」というようなものがあって、それはおそらく、なんとなく解決できそうな、あるいは解決策のイメージがつきそうなものになっている気がするのだ。この場合、企画に求められるものは「(その解決策の実行への)重い腰を上げる」ということになる。

であるならば、むしろ現行組織の中で、日常業務の一環として解決していくほうが、効率的にもよい気がする。何しろ、よほどそれが組織横断的で、かつ解決した場合の効果が高いものでない限り、門外漢の人間が企画をする余地はないはずだ。

言葉の定義にもよるが、私は、**「企画」というものは、元来、非日常的な仕事**だと思う。日常的な業務の中で解決できないから、それとは違う時間、いつもとは違う人々を巻き込んで何かを成し遂げるわけだ。

もし、あなたが何か問題を与えられて企画を練らなければならない立場にあるとするならば、その作業に入る前に、それがなぜ企画という非日常的時間を必要としているかをじっくりと考えてみるとよい。たとえ、解決すべしと与えられた問題が「今そこにある問題」だとしても、それがわざわざ企画として指示されたものである以上、問題解決に難航していて今までとはまったく違う新しい発想が求められているのか、問題の解決策に大きなリスクがともなうためにその緩和を狙うための発想が求められているのか、などと考えてみよう。とにかく、**企画という以上は、日常業務の延長線上にない何かが必要とされている。**

問題と解決策のアイディアを考えていくと、いろいろなことを解決できそうでうれしくなる。ただ前述の通り、それは日常業務の延長線上で捉えられるようなものが混在しているかもしれない。あえて「企画」と捉え、その実行に組織の経営資源を動員させてほしいというのであれば、その目的、目標は、それ相応のものでなければならない。

「チェンジドライバー」を考える癖をつけよう

本書の中で、一番重要なパートをあげろといわれたら、私は躊躇なく、この「**チェンジドライバー**」のくだりをあげるだろう。

チェンジドライバーという英単語を直訳すれば、「変化を促す要素」と表現されよう。ビジネスでいえば、**今までの常識や前提についての変化を余儀なくさせる要因だ。**

あるいはちょっと気取った言い方をすれば「ゲームのルールを変えるような事象」を、チェンジドライバーという。

典型的な例が、規制緩和、技術革新などだ。規制緩和については、古くは金融ビッグバンに代表されるように、銀行、証券、保険の垣根が撤廃されたり、手数料が自由化されたりした。また、通信や航空における規制緩和では、ご存じの通り、さまざまな新規参入者が登場することになった。電力についても発送電分離など、今までとはまったく違うモデルへの変革が余儀なくされている。

また、技術革新という観点ではＩＴの発達だ。わざわざ銀行に行かずとも携帯端末から入金、送金ができるようになったり、インターネットの登場がもたらしたさまざまなネットビジネス、また昨今ではＳＮＳの普及などで、ビッグデータや人工知能が脚光を浴び、企業のマーケティングに大きな変化を及ぼすことになったりしている。

さらに地味だが、興味深いチェンジドライバーに、「消費者の成熟化」というものがある。例えば、次のようなことを考えてみよう。

「誰もが知るコンビニエンスストア。店舗に配備されたＰＯＳにより集められた」

情報は、きわめて有益なマーケティング情報だ。ここに蓄積される販売情報から
ニーズを分析するとしよう。ここにあるのは誰のニーズだろうか。

「消費者に決まっている」と思った方は、今一度考えてほしい。

例えば、こんなシーンを想像してみよう。店舗に客が入ってきて、何かを探している。近寄ってきた店員に「電池を買いたいのだが、200円の2個入りと500円の6個入りのどちらを買うべきか」と尋ねてきた。店員は今までの自分の経験から「こちらがよいかもしれません」と片方を推薦する。客は喜んでそれを購入する。店員はPOSでその商品のバーコードを入力し、販売処理を行う。

売上情報、顧客情報が更新される。さて、顧客データベースに反映された情報は、「顧客のニーズ」なのだろうか。残念ながら、入力されたのは「店員の好み」だ。これでは、せっかくのPOSの意味がないというよりも、間違った情報が入り、オペレーションを混乱させてしまうことになる。

POS情報の活用が成り立つのは、店員が買い物客に応対する接客商売でなく、買い物客が自分で買いたいものを選びレジに持っていくという「陳列商売」の場合だ。

そして、陳列商売にできるからこそ「アルバイト店員」や「フランチャイズ」が可能になるわけだ。

ただ、ここまでの話を聞いて、読者の皆様は、どこかで違和感をもたれたのではないだろうか。つまり、「自分なら電池ごときで迷って、店員にアドバイスを受けることはない」と思われた方がきっと多いと思う。それは、あなたが消費者として成熟しているからだ。しかし、新興国なら日常的な話だと思う。

ちょっと話が飛ぶが、その昔、私がまだ幼いとき、母親に連れられてデパートに行くと、店員が「何かお探しですか」と近づいてきた。それを見て、母親は「さすがにデパートの店員は親切だ」と感心していた。しかし、今はどうだろう。デパートに行っても大体どこにどんなものが置かれているか想像できる。それなのに店員が話しかけてきたら、今風の言葉でいえば「うざいなあ」と思ったりしないだろうか。ちょっと乱暴にいうと、店員の接客を親切と思うか迷惑と思うか、が、先のコンビニエンスストア事業の成立の分水嶺だ。迷惑だと思う消費者は、自分で知識を得て、自分でものを探すことができる。

セブン-イレブンがイトーヨーカ堂により日本に店舗を出したのは１９７４年。高度経済成長期の急激な発展を経て、人々の生活にはモノが溢れ、「使い捨て時代」などともいわれていた。あのあたりから、日本人の消費者としての成熟化が始まった。

逆に、消費者の成熟化がまだ十分に進んでいない新興国などでは、日本のコンビニエンスストアのようなオペレーションモデルをそのまま適用するのは難しいだろう。だが、いずれは「そのとき」、すなわち消費者の成熟化というチェンジドライバーに直面するときがくるだろう。そのときには、日本と同じものが適用できよう。

セブン-イレブンと聞くと、ＰＯＳや人工衛星の活用、大規模高速ネットワークと、「技術革新」のチェンジドライバーをうまく捉えたというイメージがあるが、実は、「消費者の成熟化」というチェンジドライバーを、先端テクノロジーを活用したまったく新しい業態を開発する絶好のビジネス機会と捉えたのだ、という考え方もまた正しいと思う。

チェンジドライバーは、外的、内的にかかわらず、さまざまなところに発生している。現に、組織の中には「昔はよかった」とか「今や昔のやり方は通用しない」などと、チェンジドライバーの存在を示す言葉が飛び交っている。もし、

チェンジドライバーを意識せずに、
何かを企画したとすれば、
それが日常業務の中で行われる改善の効果を
大きく上回るのは難しい

のではないだろうか。逆にいえば、

チェンジドライバーの定義とその利用こそが、
企画の構想作業の醍醐味

だと思う。

組織において、「チェンジ（変わること）」が必要とされる背景には、必ずチェンジドライバーによる機会と脅威が隠れていると思う。ぜひ、チェンジドライバーという言葉を覚えていただき、何かにつけて、それを考える癖をつけていただければ幸いである。

過去の成功体験の「前提」を確認しよう

古くから存在している企業。それは間違いなく、正しい戦略を立案し、正しく実行してきた企業だ。だから生き残っている。

そして、戦略は、そのときの状況を分析し、ある前提のもとで立てられるものだ（図4－1）。つまり、経営環境が変化し、勝利の方程式が崩れれば、新しいものが必要とされる。ただ残念ながら、戦略の見直しが必要なときに、それまでの成功体験を忘れられず、思い切って戦略の変更に着手できないことは多い。

図4-1　前提と戦略との関係

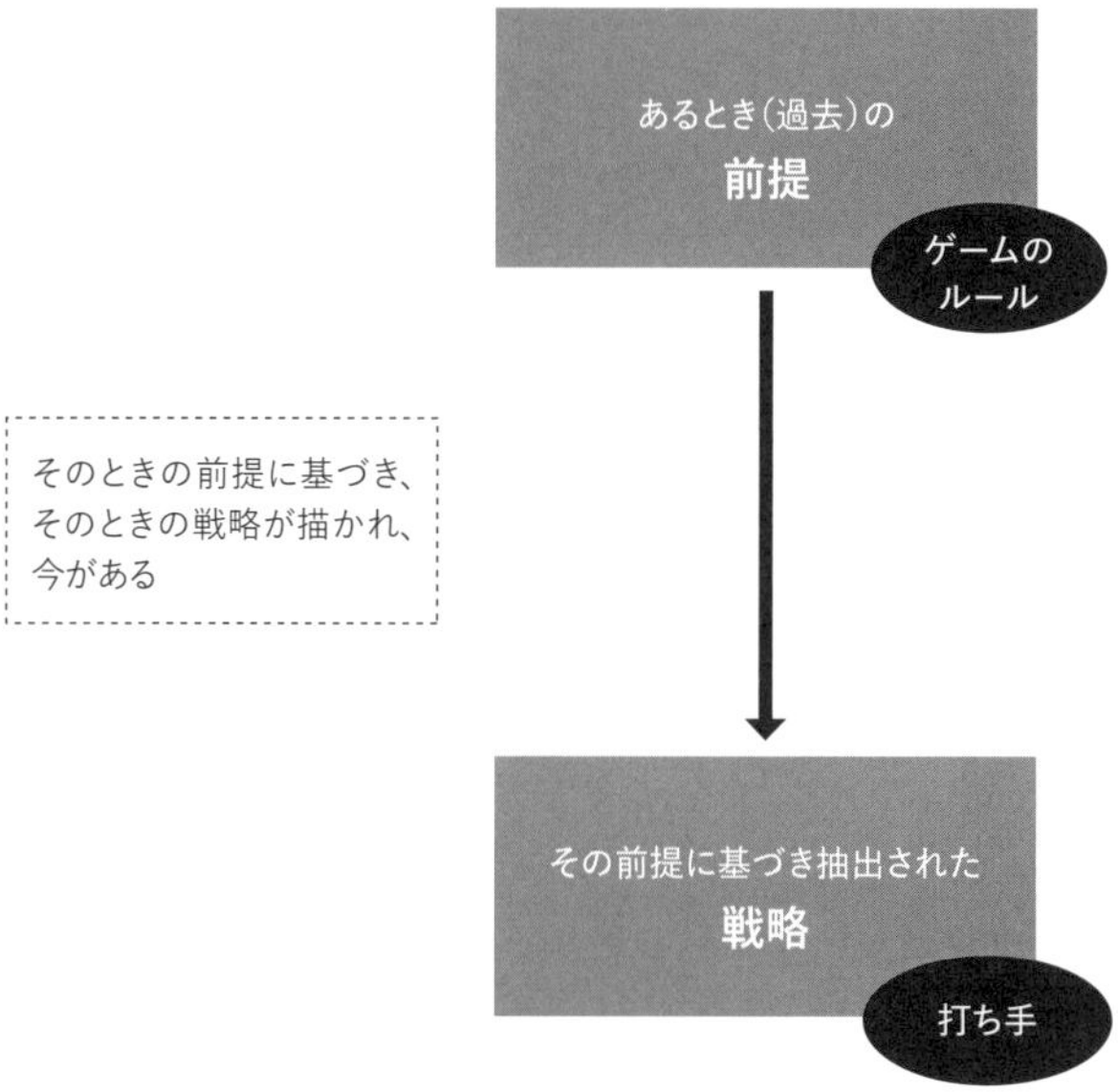

もっといってしまえば、その戦略により今も生き残っているのだから、壊すのが怖いというわけだ。そして、組織の上層部の人々は、その戦略で成功したという功績により偉くなってきた。ますます「昔」を否定することが難しくなるメカニズムがそこにある。いくら時代が変わるものだと知っていても、なかなか組織も人も成功体験を捨てられない。よくいわれることであるが、つまりは過去の成功が、今の問題をつくってしまっているのだ。

例えば、営業改革で、よく指標とされるのが「フェーシングタイム」と呼ばれるものだ。これは、1日の実働時間のうち、どのくらいの時間、顧客に接しているか、というもので、フェーシングタイムが多いほど、売上は伸びると考えられている。私は、どうもこのフェーシングタイム絶対主義の営業改革がしっくりこない。

1960年代から1970年代にかけて、日本は驚異的な経済成長を遂げた。世界でもっとも資源の少ない国が世界有数の繁栄を獲得したのだ。毎年、GDPが二桁成長を遂げる。今年は100人いた顧客が、次の年には自動的に110人になるというイメージだ。新たに増える顧客10人を獲得する陣取りゲームのために、寝る暇を惜しみ顧客のところに出かける。明らかに需要が供給を上回った状態で、「残業が金になる」という時代だったと思う。営業部門では、オフィスに残っているのは悪だといわんばかりに、朝から晩まで顧客回りを行った。当時、日本を訪れた外国人は、丸の内でほとんどの人が走っているのに驚いたという。このときの営業の勝利の方程式は、間違いなく、営業が顧客に接する時間を増やすことだったと思う。

しかし、その勝利の方程式は今も同じだろうか。高度成長期は終わりを告げた。顧客は成熟化し、情報武装されている。何よりもインターネットの誕生とその発達により、ネット上で取引ができたり、メールやＳＮＳであっという間に口コミが広がったりする時代になった。頻繁に顧客のところに行き顔を合わせても、普通の情報では関心を引けないし、よほどの洞察や新発想がなければ買う気にさせることはできない。第一、毎日のように用もないのに来られても、顧客からすれば大迷惑だ。

こんな状況で、フェーシングタイムの拡大が本当に実績につながるだろうか。大事なのは、顧客のことを知るための情報分析や、さまざまな人間がアイディアを出し合い、新しい発想での提案を行うための社内コラボレーションなのではないだろうか。むしろ、フェーシングタイム至上主義が、価値創造のためのコラボレーションを阻害してはいないだろうか。

つまりは、昔の勝利の方程式への執着あるいは盲目的な信仰が、今の問題をつくり出してしまっている可能性があるわけだ。

- 今のその常識はいつ頃、どんな時代のどんな背景をもとにしてできたものなのか
- そのときの「前提」はどんなものだったのか
- その前提を揺るがすチェンジドライバーはないか。もし、あるとすれば、新しい前提はいかなるものになるのか

注意すべきことは、新しい前提を見ながら、古い前提によりつくられた戦略を「修正」しても意味がないということだ（図4-2）。

例えば、自動車のエンジン。以前は、馬力やトルクがいかに大きいかがエンジンの善し悪しを決める大きな要素だった。ところが10年前ぐらいから、「環境問題」というチェンジドライバーにより、その評価尺度は、燃費だとかクリーンというものに変わった。こんなときに、これまでのエンジンについて、燃費やCO_2排出量に関する問題を調べ、それをしらみつぶしに修正するだろうか。それはむしろ、前時代の設計

図4-2　戦略の見直しの視点

- 戦略は、その時代の「前提」（ゲームのルール）に基づき策定される
- 現在の問題をいくら検討しても、新しい時代の戦略はできない
- 現在と将来の間で「前提の変化」を把握し、「新しい前提」における戦略を策定する

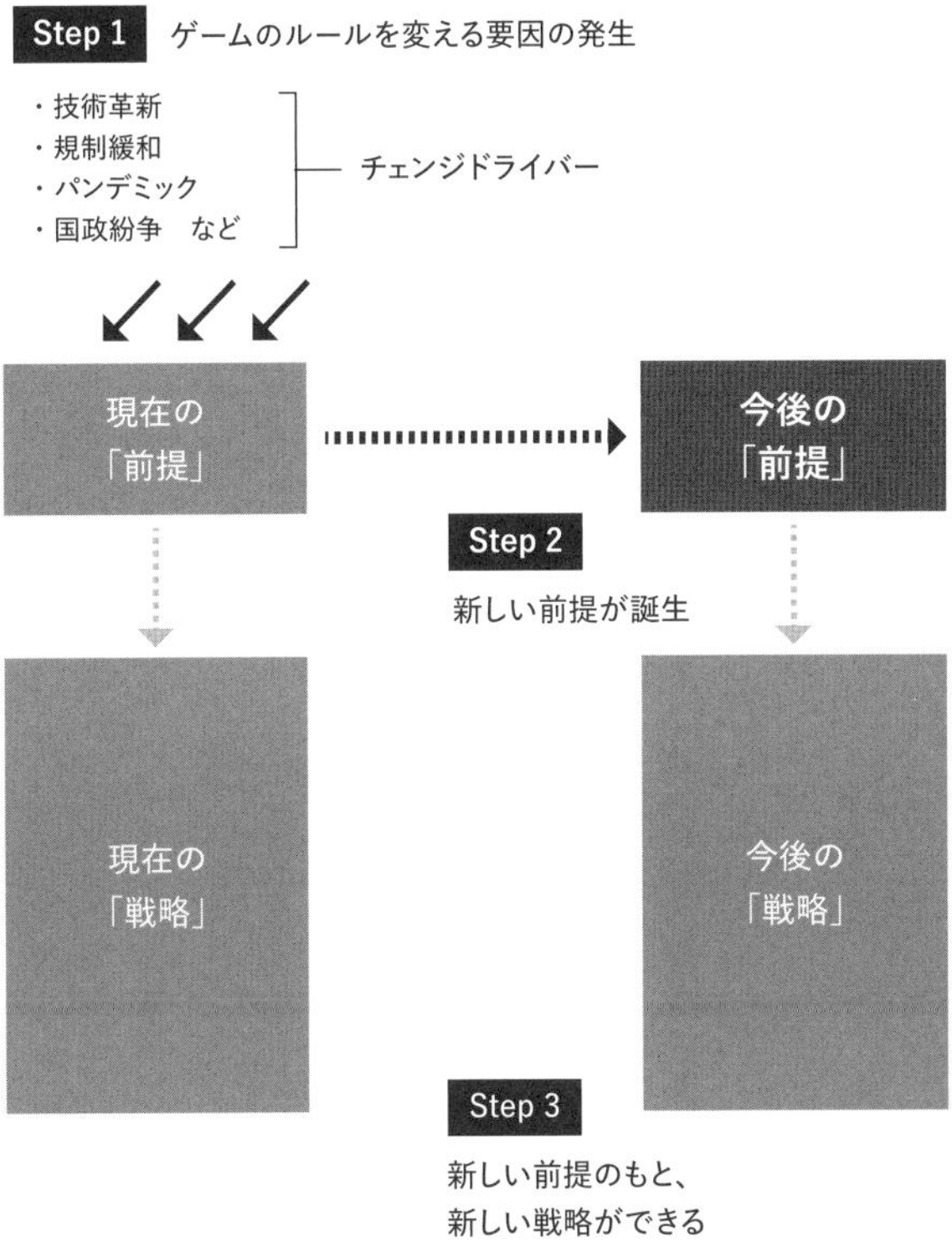

思想からくる制約と合わさって、ちぐはぐなものとなるだろう。普通なら、新しい時代の設計思想、この場合であれば、燃費やクリーンを第一に考えた新しいコンセプトでエンジンを一から設計し直すに違いない。そして、もしその技術がまだ自社に十分にないのであれば、すでに新しい時代に合わせて成功を収めている会社がないかを調査し、その会社のつくっているエンジンの構造を研究したほうが早い。経営の世界では、これをベストプラクティスと呼ぶ。

ただ近年では、事例とベストプラクティスが同義語になっている風潮があり残念だ。**真のベストプラクティスは、時代の流れ、すなわちチェンジドライバーを認識し、新しい時代のゲームのルールでいち早く成功したものに掲げられるべき称号**だと思う。

過去の問題を解いてきた方程式で今の問題を解こうとしても、解けるはずがない。
ただ、過去の成功体験に自信をもっている上層部の方々の前で、その成功体験を根本からひっくりかえすようなことを提案するには、相当な度胸が必要になるだろう。闇雲に「これからの時代は」と連発しても、何も納得されないばかりか、軽薄な奴だと上層部から目をつけられるかもしれない。

ただ心配は無用だ。結論をいっていきなり怒られる前に、まずはチェンジドライバーを明らかにし、それにより引き起こされるゲームのルールの変更、つまりは過去の前提と今後の前提の違いを、しっかりと説明することだ。

もし、それに納得してもらえるなら、新しい提案は、上層部にはむしろ「なるほど」という感嘆をもって受け入れられると思う。

解決策の議論は楽しい。ただ前提の議論なき解決策の議論は危ない。まずは時代の変化、それを「前提の変化」と置き換えて考えてみよう。

「地球上」あるいは「業界間」の時間差を武器としよう

チェンジドライバーがそこにあり、そのための機会の享受や脅威の排除を考える場合、「時間差」というものが重要な着眼点になる。特に、我が国の場合、規制緩和はその最たるものだ。

例えば金融業。1996年から2001年にかけて、日本では大規模な金融制度改革が行われた。金融ビッグバンと呼ばれているものだ。従来「護送船団方式」と揶揄された業界において、フリー（自由）、フェア（公正）、グローバル（国際化）のキーワードのもと、大幅な規制緩和を行い、東京市場をニューヨークやロンドンのような国際市場にすることを目指した。

金融業としては、問題解決や業務改善というレベルを超え、今までに経験したこともないビジネスモデルの構築を求められたわけだ。先ほどの話でいえば、ビジネスモデルの前提が根本から変わったということになる。

ただ、本当に「今までにまったくないもの」をつくらなければならなかったのだろうか。例えば、当時のイギリスだ。イギリスではすでに金融業界での整備は終わっていた。そもそもビッグバンという呼び方も、1986年10月にイギリスのサッチャー首相によって行われた証券制度改革からきている。つまり、よく似た状況を克服した国や企業は、世界を探せば見つかるわけだ。もし、その改革を経験したイギリス人自らが日本に来てくれるとすれば、日本の金融業からすれば、「タイムマシーンで、未来から救世主が来た」のと同じことになる。

まあさすがに、その改革を行った人を呼ぶというのは非現実的だとすればどうすればいいか。そこで実現されたビジネスモデルを、例えばプランニングプロセス、オペレーションプロセス、コントロールプロセス、ＩＴ基盤などの要素に分解して整理し、それぞれを日本の金融機関の実情に合わせてカスタマイズ、すなわち日本ナイズしたものをつくればいい。

同じ状況に置かれた企業ないしは組織が実験的につくり上げ、成功を収めたものを参考にする。言い換えれば、同じようなチェンジドライバーを経験した国なり組織なりの知恵を、技術移転してくるという発想であり、地球上の時間差を利用するということにもなる。

こうした時間差の利用は、どこかのパイオニア企業がリスクをかけてつくり上げた最先端のプラクティスのみに当てはまるわけではない。

例えば、日本が長年進めてきた「終身雇用」や「年功序列」は、欧米からの「実力主義」に押されっぱなしだ。長く勤めれば勤めるほど処遇が上がるという年功序列の日本型人事制度は、戦後復興と急激な経済成長の時代には安定した労働力の確保に寄与した。あの時代に最適化された、あの時代のベストプラクティスだったのだ。

では、長い内戦が終息してようやく平和が訪れ、これから経済発展していくような新興国があったとしよう。ここにいきなり成果主義を導入したらどうなるだろうか。人々の間に緊張感と猜疑をもたらし、混乱を招くかもしれない。だが、日本型人事の仕組みなら、社会の安定に寄与するかもしれない。

つまり、時計の進んでいるところから、遅いところへと、プラクティスは移っていくということになる。いうなれば相対論だ。

また、**時間差は「地球上」にのみ存在するものではない。それは「業界間」にも存在する。**金融の自由化、航空の自由化、通信の自由化、電力の自由化……、さまざまな業界に自由化の波が押し寄せている。

もちろん、業界によってビジネスモデルやオペレーションモデルは異なるので、同じ「自由化」だからといって、他業界のベストプラクティスがそのまま使えるなどということはあり得ない。ただし、細かく見ていくと共通点が見つかる。

例えば、通信の自由化について考えてみよう。通信の自由化の効果については議論があるものの、料金設定が柔軟になり、夜と昼では料金が異なるとか、家族同士は割引になるなど、さまざまなパッケージが考案され、さぞかしマーケティングは大変になるだろうと思われた。しかし、先に規制緩和が行われた自由化先進国のイギリスでは、予想通りマーケティングは大変になったものの、請求管理が予想外に混乱を極めた。従来であれば「1分10円」というようなかたちで一律で請求していたものが、サービスの組み合わせにより膨大なパターンが発生したからだ。ただ、この話は、通信業界だけにいえることだろうか。自由化により、顧客への提供パッケージの多様化が進めば、業界にかかわらず、請求管理は爆発的に複雑になる。例えば、通信の自由化から遅れること十数年後の電力の自由化で、そのときのノウハウが再利用できる可能性がある。これが、「業界間の時間差」という考え方だ。

実は、この時間差を利用してのノウハウの技術移転こそが、グローバル経営コンサルティング会社の武器であるわけだが、それをコンサルティング会社だけのものにしておくのはもったいない。

今後、自社に発生するチェンジドライバーについて、同じことを経験した国もしくは業界を研究し、その方法をモデル化すれば、まだ見ぬ将来の大きな危機の機会損失の回避が効果的かつ効率的に行えよう。くどいようだが、今そこにある危機ばかりに目を向けていると、本当の危機や機会が見えなくなってしまう。

チェンジドライバーを意識し、業界や地域を超えた先人たちの知恵を活用しよう。

ビッグワードは足が早い

ここでいう「足が早い」は、腐りやすいという意味だ。鮮度管理がきわめて重要で、それを逃せばネガティブなインパクトをもたらす。

ちょっと前に、IT業界を中心に3文字略語が流行った時代があった。CRM、ERP、BPM、MRP……、説明しているほうは、何か素晴らしいことを告げようとしているのだろうが、聞いているほうは違和感を覚える。内容をちょっとは知っている人間でさえそうなのだから、はじめて聞く人からすれば、当惑を通り越して怒りすらわいてこよう。

さすがに昨今では、その反省もあったのか3文字略語がだいぶ少なくなってきた。が、依然として、一瞬新しそうで意味不明なカタカナワードが多い。かくいう私も、かつてだいぶその手の言葉を乱造してしまったと反省している。古くは「(顧客) ニーズ」と「ウォンツ」、ちょっと前だとイノベーション、アジリティ、スマート……。最近ではビッグデータ、マーケティングオートメーションというように、いろいろなカタカナワードが氾濫した。

こうしたビッグワードが出たてのときには「いったいこれはなんだろう」とワクワクしながら内容を調べ、なるほど、時代が変わったんだな、と膝を打つ場面があった。したがって、企画の中でも、世の中の流れとして、こうしたビッグワードを活用しながら、その時代に自社がどうやって対応していくかなどと話し合うのに恰好のツールとなった。

しかし、氾濫も一時を過ぎれば定着化してくる。ビッグワードには極端なライフサイクルがあると思う。そして、陳腐化、変質化へのスピードはきわめて速い。

- 第1ステージ：聞き手からすれば、新しい時代を象徴する魅惑的な響きを感じる
- 第2ステージ：聞き手も自分の会話の中で普通に活用できる
- 第3ステージ：聞き手自身がもう飽きてきて、陳腐で軽薄なものに感じる

いわば、ビッグワードが魔法の呪文に感じるのは最初の頃の一瞬だけだ。聞き手側の知識が増えるにつれ、すごい勢いでそれは陳腐化し、「お手軽キーワード」となってしまう。この段階で、ビッグワードをむやみに使えば、企画者の思考停止状態を大宣伝することに他ならない。

「囲い込み戦略」というビッグワードが流行っていたときのことだ。ある小売業の経営者の前で、広告代理店のクリエイターがプレゼンテーションをすることになった。プレゼンターは、これまでにない画期的な「顧客の囲い込み」について、その方法を自信満々で語り始めた。そのとき突然、経営者が机をドン、と叩き、「顧客の囲い込みとは何事だ！」と叫んだ。その目は明らかに怒りを湛えている。広告代理店側の参加者はたじろぎ顔を見合わせた。「この経営者は、『顧客の囲い込み』という今流行りの経営コンセプトをご存じないのかもしれない」。プレゼンターの上司が慌てて立ち上がり、「顧客の囲い込み」というものが、今流行の経営戦略であることを説明し始める。そのとき、その経営者の怒りは頂点に達した。

「大切な顧客を囲い込んで逃がさないようにするとは、なんて失礼な話だ。顧客が逃げたいのに、こちらで柵をつくり逃がさないようにする、そんな方法でお客様は本当に幸せだと思うか」。大声が会議室に響き渡った。広告代理店側は、まだ意図がわからず、動揺している。興奮状態で経営者の話が続く。「我々がやりたいことは、いろいろなところにいらっしゃるお客様に対し、『当社の庭に生えている草は美味しいですよ。よかったら皆さん食べにきてください』というものだ。そしてその草を食べてみたら本当に美味しいので、お客様の意思で『いつまでもここに留まりたい』とならなければならない。お客様を『囲い込む』とはこれと真逆の、失礼な発想だ」。

ある意味、痛快な話だと思う。ビッグワードについては、かなり気をつけていても、感覚がいつの間にか麻痺してしまい、その言葉を出しさえすれば何か説明できていると思い込みやすい。**句が過ぎたあとのビッグワードの活用は本当に危ない**。どうすればいいか。ビッグワードは使わないよう意識することだ。ビッグワードで表現したいことを自分の言葉に置き換え、シンプルに本質が語れるようになれば怖いものはない。

求められているものは改革なのか、変革なのか

改革と変革の違いは何か。正しい定義は別として、私は、英語でいうと、改革はRe-Engineering、変革はTransformationというように、あえて区別して使うようにしている。シグマクシスの倉重英樹名誉会長（ファウンダー、元日本ＩＢＭ副社長）は、改革は「やり方を変えること」、変革は「やることを変えること」と説いている。

例をあげて説明をしてみよう。かつてＩＴ産業において、ＩＢＭのライバルとして、ＤＥＣ（Digital Equipment Corporation）という会社があった。両社はともに、１９８０年代にビジネスが悪化し、変化を余儀なくされた。ＩＢＭに至っては恐竜にたとえられ、絶滅に瀕しているとまでいわれる。

そして、ここでおなじみのガースナー会長（当時）が登場し、会社を立て直すことになる。ガースナー改革により当時40万人を超える社員は20万人くらいにまで激減した。これを見る限り、ＩＢＭはリストラで蘇ったと考えられがちだ。

ところが、その表現は正しくない。実は、40万人超の社員は10万人以下にまで減り、

その代わりに新たに10万人超が雇い入れられたのだ。新しい血の入れ替え、すなわちスキルセットを入れ替えたということになる。これにより、ＩＢＭは、ハードウェア産業からサービス産業への「業態移行」を実現した。

一方のＤＥＣはどうしたか、効率的にリストラを行い、以前よりサイズは小さくなって蘇った。しかし、業態は相変わらずハードウェアメーカーだった。ご存じの通り、その後、ＤＥＣはコンパックに買収され、今はそのコンパックもヒューレット・パッカード（ＨＰ）になった。

どちらがよいとか悪いとかをいっているつもりはない。いいたいことは、両社の変化はまったく違うということだ。ＩＢＭは業態を変えた。ＤＥＣは業態がそのままで効率的な企業に変わった。前者を変革、後者を改革、と私は呼んでいる。

余談だが、ＩＢＭの変革の話をすると、よく日本企業の方々から「それは外資系だからできること」だと反論される。外資系すなわちトップダウンでなんでもすぐに決まる、ということだろう。しかし、所属してみればわかるが、外資系企業であっても、一般的に連想されるトップダウンは存在しない。日本企業同様、いや時には日本企業以上に、タフな説得と調整が必要とされる。また、仮にいくらトップダウンが強かったとしても、さすがにそれだけで、ここまで大胆な策はとれないだろう。
こうしたことができた背景には、社員に対し、組織内の人的リレーションや既得権などの「社内価値」でなく、会社を離れても通用する「市場価値」の育成に力を入れていた人事制度の存在がある。完璧ではないにせよ、30万人がそれなりの市場価値をもち、それがゆえに、自分がより求められる市場に移管できたということがあったわけだ。この部分については本書のテーマとは違うので、割愛するが、機会があったらぜひ、グローバル企業の人事モデルについてどこかで説明したいと思う。

日本企業でいえば、計測機器で有名なミツトヨが私の知る限りにおいての変革成功企業だ。ミツトヨは、かつてノギスなどの計測器でダントツのシェア世界一となった。しかしその後、計測器の産業では、ＩＴの技術革新とともに計測器は計測器でも「三次元測定機」が登場してくる。同じ計測器のカテゴリーで顧客も今までと同じとはいえ、従来の製品が単品なら、三次元測定機はコンピュータ、もっといえばシステムだ。特に商談のシーンが大きく変わるはずだ。顧客が本当に信頼するのは技術を知る社員だ。営業マンに今から技術を覚えさせるよりは、技術者に営業を覚えてもらうほうが効率的と、サービス要員を営業部門にシフトさせ、営業第一線のスキルセットを変換したという。羊の皮をかぶったオオカミならぬ、測定器屋の皮をかぶったコンピュータ屋へと変革を遂げたわけである。

また、アップルも私にとっては変革企業の代表例だ。元々は、マッキントッシュで有名なハードウェア会社だったが、スティーブ・ジョブズ復帰後、ｉＰｏｄなどのシリコンオーディオに力を入れ始める。ソニーをはじめとする日本のメーカーが、充電時間や音質などのハードメリットを説く一方で、アップルは音楽配信ネットであるｉＴｕｎｅｓを発表した。消費者が手にするｉＰｏｄはハードウェアだ。ただ、ハードウェアそのもののスペックで差別化するのでなく、あたかもｉＰｏｄがｉＴｕｎｅｓへの入場券であるかのように、ハードウェアの背後にあるサービスを売り物にした。ハードウェア産業からサービス産業への変革だったように見える。

改革、変革、リエンジニアリング、トランスフォーメーションといった、ひとつひとつの言葉の定義に関する議論は不毛だ。改革（リエンジニアリング）と変革（トランスフォーメーション）について、感覚的にその違いを感じてほしい。

さて、今、読者の皆様が上司から求められる企画は、「今までやってきたことを、まったく違うアイディアで実現し、大きな成果を狙う」ものなのか、「今までやってきたことそのものを変える」ものなのか。どちらがよいとか悪いとかでなく、今やろうとしていることが、両者のうちのどちらのものかを明確にしてから、構想作業を進めてほしい。

時には「大いなる野望」をもとう

企画の実現可能性とは、ある事柄に対していつでも一意に決まるものだろうか。

例えば、自分では実現できないが他の人の力を借りればできるような場合がある。つまり、相手が協力したいと思えば、支援が多く得られ、その実現可能性は高くなる。逆にいえば、皆が実現したいものであればあるほど、実現可能性が高まるわけである。たとえ大きな変化であっても、それが周りの人にとって魅力的な夢ならば、その分だけまた実現可能性も高くなる。つまり、大きな変化ほど実現可能性が低い、とは言い切れない。

企画の中に「数字」を入れて話すのは難しい。周りの顔色がひどく気になる。何か美しい話をしようものなら、すかさず「地に足がついていない」とか「根拠を説明せよ」ときて、最後は「責任をとれるのか」でチェックメイトだ。

「目標は5％成長」ときて、なぜ5％なのかと問うと、「2％じゃ、上層部から承認されないし、10％だとできなさそうだから」というような答えを時々聞く。残念ながら、これでは人はついてこない。ずっと述べているように、企画は、自分の権限の届かない人々にも協力を得て、はじめて実現されるものだ。権限の力を越えた「共感」がなければ、人はついてこない。人のついてこない退屈な目標を立てるということは、その時点で、これから実行しようとする企画の中に、失敗を埋め込んでいるようなものだ。

目標となる数字を考える際には、その裏に「野望（Ambition）」の匂いが必要だと思う。「野望」という言葉はどこか不穏で物騒だ。子供向けのテレビドラマで、世界征服をたくらむ悪者が下界を見下ろして高笑いしているシーンを連想してしまう。

響きはともかく、ここでいう**「野望」というのは、「皆で共感できるお楽しみ」**に近い**かもしれない。自己満足でない大きな達成感、第三者から見てもその意義が納得され、成功した場合に、自分たちに対しての賞賛のイメージが十分に目に浮かぶものだ。つまり、仲間との達成が楽しみになるというものだ。そうなると、無味乾燥な数字を入れても意味がない。

相手が経営者であるならば、「5%成長」と聞いた場合、その意味するところは、単純に5%売上が伸びるということではない。例えば「現在の経営環境からすればもっと伸ばせる余地がある。しかし、前年対比で成長しているから及第点か」と頭の中で翻訳して聞いている。だから、経営者に対しては、四の五のいわずに数字だけを告げればなんとかなることが多い。

問題は、その企画を支援してもらう人たちのことだ。会社の中にはさまざまな職種と責任がある。すべての人に「前年対比で成長」ではモチベーションがわかない。無味乾燥な数字でなく、「長年のライバルだった○○社を、医療分野で抜く」とか、「中国で、ドイツ勢を抜き、一番のシェアになる（つまりは、一番親しまれていることを証明する）」のように、それによって何が得られるのかを説明し、支援してくれるすべての人が動機づけられる言葉が欲しい。

面白い話がある。元NHKメディアテクノロジー社長で、元NHK理事の西山博一氏が、社員との間で話されたものだ。その話をはじめて聞いたとき、私は心の底から「なるほど」と感心してしまった。それ以来、私もいろいろな場でこれを使わせていただいている。あまりに頻繁に使うので、時折自分が考えたかのような錯覚に陥ってしまうのだが、間違いなく著作権は西山氏にある。

西山氏は、あるとき社員に2つの質問をしたそうだ。ひとつ目は「おい、日本で一番高い山はなんだ？」というもので、聞かれた社員は、即座に「(これなら簡単だとばかりに) 富士山です！」と元気に答えたという。問題はその次の質問だった。「じゃ、2番目はどこだ？」とくる。登山家なら別だが、普通の人は虚をつかれる。その社員の方も「ええと、ええと」と答えに窮したそうだ。西山氏はにっこり笑って「北岳だよ」と教えたそうだ。そして即座に2つ目の質問が飛ぶ。「じゃ、日本で一番大きい湖はなんだ？」。社員は「琵琶湖です」と答えつつ、次にくる質問を予想し「2番目はなんだろう、困ったなあ」とかまえてしまう。するとやはり「2番目はなんだ？」と予想通りくる。わからない。十和田湖、猪苗代湖と当てずっぽうが続く。そして、結局「霞ヶ浦だ」と教えられる。社員は、次の第1位、第2位の質問はなんだと不安な顔立ちで待ち構える。すると西山氏は、社員の戸惑う顔を楽しそうに眺めながら、「ほら、1位でなけりゃ誰も覚えてくれないんだよ」とオチをいう。

人は変化が嫌いだ。

著名経営者はよく「ナンバー1戦略」を唱える。ナンバー1という甘美な響きがモチベーションを生む。大きな野望が見えるから、大きな変化を不可欠なものとして認識する。すなわち人は変化を容認するようになる。

世界で売上高ナンバー1になる。業界でシェア第1位になる。ナンバー1は決して容易く手に入るものではない。ただ、どの領域でのナンバー1かによって、だいぶ条件は変わってくるはずだ。ギネスブックではないが、発想次第で「ナンバー1競技の候補」はいくらでもつくれよう。売上では業界5位でも、顧客リピート率はナンバー1になれる可能性がある。

私はM&Aの世界にいたが、企業統合は綱引きだ。お互いに自分たちの今を守ろうとしてしまう。こうした中で、何かを決めるのは難しい。その状況を打開してくれるのが「顧客」だ。「今、2つの案がありますが、もしお客様だったらどちらを希望するでしょうか」。この質問をすると、それまで敵対感情をもっていた二者が一気に客観的になり、議論を始める。

それと同じように、「その企画は、顧客に、どういったイノベーションを与えることになるのか」という話は、その企業にいるいろいろな組織、ポジションの誰もが興味をもつものであり、そして自分の部門という立場を忘れさせ、客観的に議論が進められるテーマである。

数字だけを出して、「これをやれ」というのでは、人はついてこない。どんなに簡単な数値目標でも、そこに意味が感じられなければ退屈以外のなんでもない。数字に意味をもたせる。そのもたせ方に「野望」的ニュアンスが欲しい。逆に、その数字に意味を見いだせれば、普段は無理だと思っていたことでも達成できるかもしれない。

さて、皆様の企画にはどのような「野望」が埋め込まれているだろうか、いや、どのような野望を抱けば、皆が夢を見られるのだろうか。

成長戦略を考えるための4つのゾーン

経営企画部の方々とお話しすると、「来期の売上成長率○○%」は決まっているが、その内訳を聞くと会計上のセグメントに引きずられ、組織別成長、市場別成長、商品別成長、と表現されていることがほとんどだ。たしかに、結果を把握するためには、こう考えるのが一番だろう。だが、成長戦略を推進するとした場合に本当にわかりやすいだろうか。

私は、成長戦略の話をお客様から伺い、「売上成長率○○%」という話を聞いた場合には、まずは、図4-3のようなマトリックスを頭に思い浮かべる。マトリックスの縦軸を「商品やサービスへのチャレンジ」、横軸を「市場や顧客へのチャレンジ」とする。

「今の実力を示す長方形を左下に置いてみる。この面積が現在の売上の規模だとすれば、成長を実現するために、この面積が大きくならなければならない。大き

図4-3　成長戦略のマトリックス

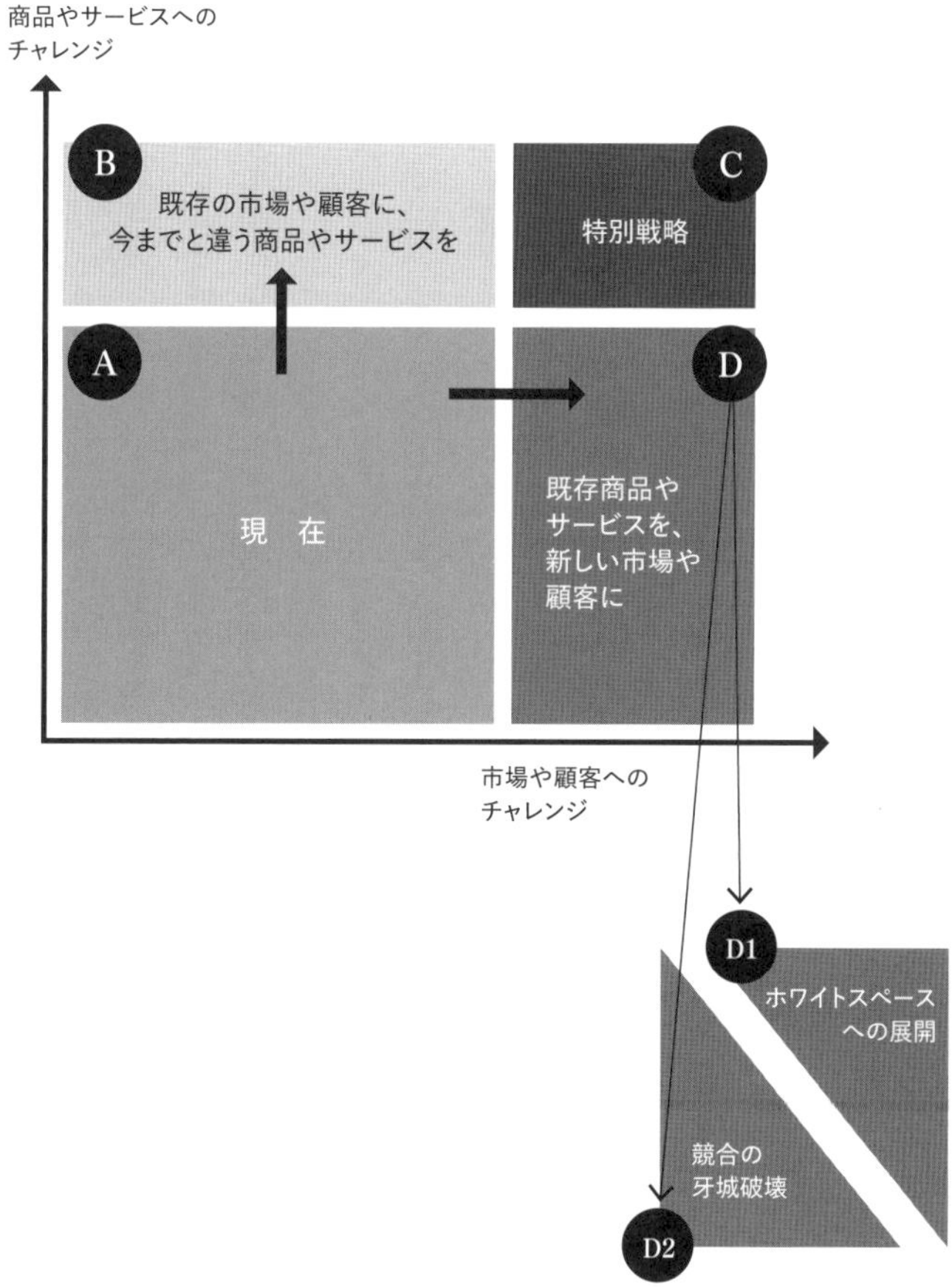

「くなるとすれば、上と右のどちらの方向に伸ばすべきだろうか。」

もし上方向に伸ばすとすれば、これは「既存の市場やお客様に、今までとはまったく違う商品やサービスを提供すること」になる。また、右方向に伸ばすとすればそれは「既存の商品やサービスを、今までとはまったく違う市場や顧客に提供する」ということだ。

この右方向での売上増大化の方法は、さらに2つに分解される。ひとつは、例えばアフリカのような「まったくのホワイトスペース」を狙っていくという方法、もうひとつは、既存の競合の牙城となっている顧客を奪取する方法だ。そして、最後に残された右上の象限は、今までにない商品やサービスを今までとは違う市場や顧客に提供するというもので、よくM＆Aが適用される領域だ。

それぞれの象限（ゾーン）をAからD、さらにはDをD1、D2と定めたとしよう。ゾーンAの売上合計値に対するゾーンB、C、Dの売上合計値の割合が、計画された成長率になる。成長率目標がすでにあるとすれば、それがどんな戦略の複合によって達成されるのかがわかりやすくなる。

　そして、それぞれの象限の特性を見れば、まったく違うキャラクターのリーダーが必要になることがわかるだろう。ゾーンBは、新しい発想で既存の市場や顧客に切り込むイノベーターだ。ゾーンDは、新しい市場や競合がもっとも得意とする分野に乗り込むファイター、ゾーンCは今までにないことを構想し実行するストラテジスト、ゾーンAは既存の市場を守りつつオペレーションの効率化を図るエクセレントオペレーター、といったところだろうか。

　かつてＳＢＵという言葉が流行った時期があった。これはStrategic Business Unitの略で、文字通り、戦略の単位での組織分割だ。現在では「権限移譲された組織」という意味で使われてしまっている場合も少なくないが、本来は、組織の壁を超え、組織横断的に「戦略」を実行する単位という意味だ。そういう意味では、既存の組織や経営管理の枠組みとは別に、これらのゾーンをＳＢＵと捉えた発想があっても面白いと思う。

事業にはストーリーがある

どの企業にも、主力事業、主力サービスが存在する。そして、主力事業／サービスの周りには、派生的な事業が発生している。例えば、オフィス器具販売の会社なら、主力は企業の椅子や机、応接セットなどの什器備品だ。そして、派生ビジネスとして、オフィスのデザインや施工、ＩＴ導入支援、資産管理のアウトソーシングサービスなどがある。

よく、企業の経営計画では、それぞれの事業を「シームレス（つなぎ目なく）」に連携し、それによる「総合力」で「顧客価値強化」を図ると謳われている。しかし、実際のところはどうだろうか。事業ごとに目標数字が与えられ、毎回の会議では、どこの事業がどう伸びていて、一方、この事業は低迷している等々、競争を喚起される。こんな感じでは、なかなか連携を気にする余裕は起きないのではないだろうか。

あまり例がよくないかもしれないが、軍隊には、落下傘部隊、工兵部隊、戦車部隊、歩兵部隊など、さまざまな機能がある。これらのうち、まず、落下傘部隊がパラシュートで敵地に飛び降り偵察活動を開始する。そして、その偵察情報をもとに、工兵部隊が川に橋を懸け後続部隊の進撃の進路を整備する。そこを通って、戦車部隊は重要拠点の奪取を行い、歩兵連隊が乗り込んで占拠する、という流れになる。いわば一連のストーリーがそこに存在する。

ビジネスの世界、とりわけマーケティングの仕組みもこれに似ていると思う。本来、売りたいのは、売上高が大きく利益も大きい商品だ。ところが顧客にいきなりそれを勧めても、下さなければならない意思決定が大きすぎて、躊躇されてしまう。そこで、まずは意思決定のハードルを下げるために、お試しのようなものを提案する。それが受け入れられれば、少し大きめの提案をする。ある程度、信頼を得たところで大きな提案を仕掛ける。ここがうまくいけば、その後は付随サービス、派生サービスなどで安定利益を稼ぎながら長い関係をつくっていく。そして、その長い関係の間に揺るぎない信頼が生まれ、自然とビジネスの機会を得るようになる。

例えばＩＴ産業での場合、まずは顧客の戦略を立案するところをコンサルティング部隊が支援する。コンサルティング部隊が立案した戦略に基づき、ソフトウェアやシステムインテグレーションのようなサービスが提供される。そしてその後はアウトソーシングサービスを展開し、長いつき合いが始まるといった感じだ。

企業の売上高の総和は、各事業それぞれの売上高、すなわち、サービス1単位当たりの売上金額の総和だ。この売上金額は、「顧客への提案件数」×「提案金額」×「受注率」で決まる。ただ、これではシームレスの香りがしてこない。掛け声でシームレスと叫びながら、実態として管理しているのが個別では、むしろ逆行を招いてしまう。

よく**「1：5の法則」**というものを聞く。これは、**新規顧客の獲得コストは、既存顧客からの新規受注コストの5倍かかる**というものだ。言い換えれば、新規顧客は獲得コストが高いにもかかわらず利益率が低いので、新規顧客の獲得以上に、既存顧客の維持が重要であるという考え方である。さらには**「5：25の法則」**というものもあって、これは**新規顧客の維持コストは既存顧客のそれよりもはるかに大きいということで、顧客離れを5％改善すれば、利益が最低でも25％改善される**というものだ。簡単にいえば、なるべく既存の顧客から新規受注を取り、既存の顧客の維持に努めることが、利益率確保の成功要因だということになる。

先の例でいえば、ソリューションビジネスの場合、いきなり「ソリューションはいかがですか」と提案するのでなく、「そのソリューションを貴社で活用すればどのくらい効果があるか試算してみましょうか」的な診断パッケージをコンサルティング部門が活用し新規顧客を獲得する。そしてその効果が明確になった段階で、提案先の組織内で決裁できる程度の大きさの提案を行う。それが受注できたときにはそのソリューションないしは自社への信頼が高まっているので、いよいよ大規模提案を行う。それがもし受注できたとすれば、今度はその保守を年間契約で提案し、頻度の高く、きめ細かなサービスでさらに顧客との関係を強化する。そしてこの保守フェーズは、自社にとっては、大きなビジネスではないが、低コストで安定的な収益元、すなわちストックのビジネスになる。この流れを抽象化したものが図4-4である。

ここでは、顧客獲得のための機能を「Door Opener」、小規模提案を「Detonator（起爆装置）」、大規模提案を「Big Burst（大爆発）」、その後の保守を「Stock」とし、事業から事業へのバトンタッチの可能性を「継続率」として表している。こう考えると、「事業間をシームレスにつなぎ合わせた総合力で顧客価値向上を狙う」姿が、数字で見えてくる。この総和が、シームレス戦略の成果となるわけだ（図4-5）。

当然のことながら、先行した事業からの引き継ぎになるために、受注率も販売金額も高くなる。もし、ここで想定したような受注率にならなかったり、販売金額が高す

図4-4　ストーリーのある事業連鎖

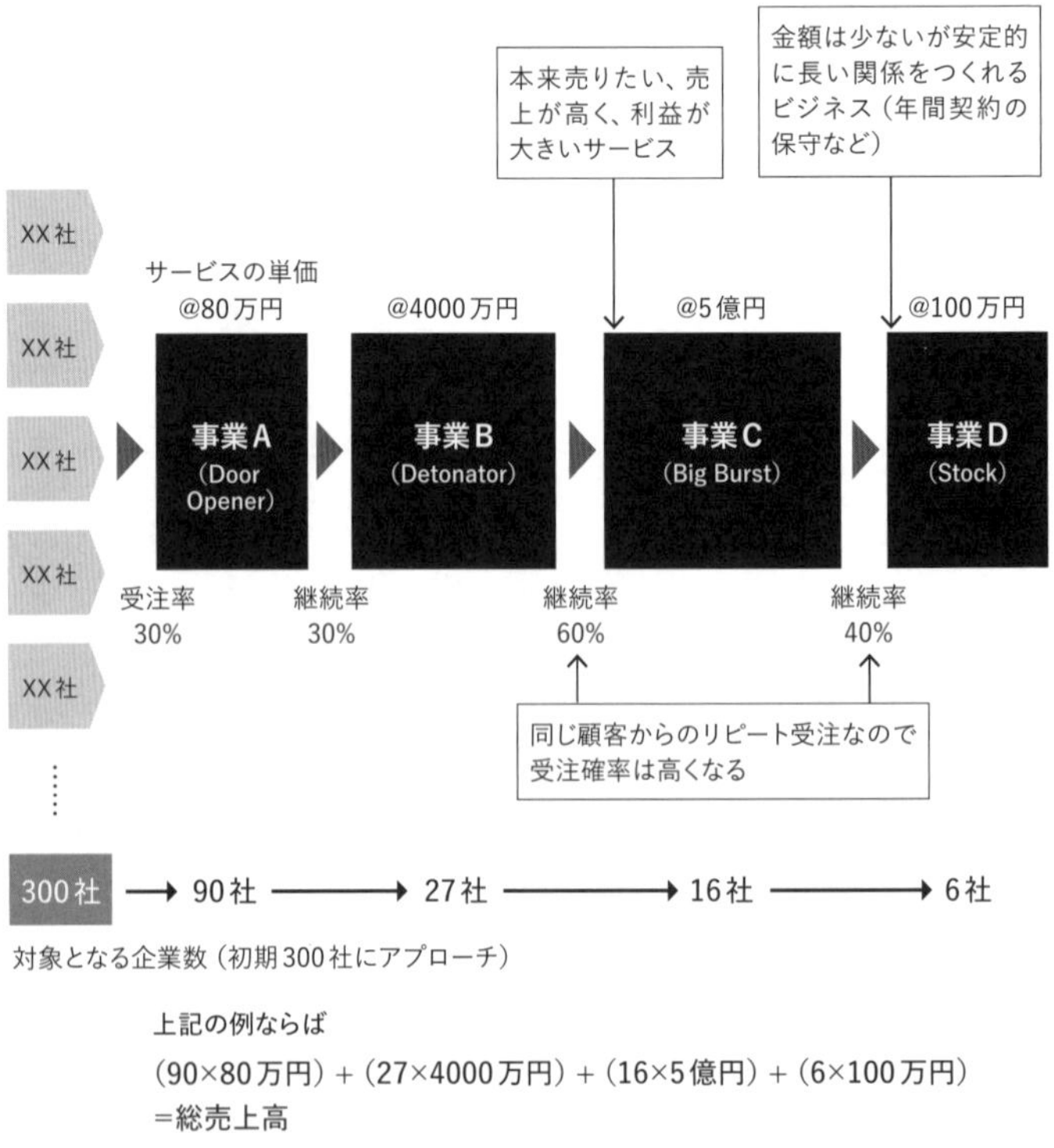

ぎたりすれば、他の部分の数字にチャレンジすることで、総和を維持するというオペレーションが可能になる。つまりは、他事業（他部門）の力を借りて、企業全体の最適化を図るというものだ。例えば、毎週の会議でこの図に出てくる数字を確認し合うことで、現在のオペレーションの問題や、課題解決のために他の事業に協力を具体的に要請する部分などが浮き彫りになる。

連携がうまくいかないとなると「その2つの組織をひとつにしよう」となりがちだ。組織図を変えただけでは、なんら実態が変わらないことを、今まで何度も経験しているだろう。評価指標の統一やコミュニケーション（時には飲みニケーション）強化だけでは、根本は変わらない。そこに、全体のストーリーが見えないからだ。だから、自分たちが見える範囲のところで努力をする。その結果、自分の組織の最適化、いわゆる蛸壺《たこつぼ》化現象が起きる。

それよりもここで必要なことは、まずは連携のストーリーを明らかにし、定期的に、事業間連鎖の状況を数字で確認し合うようにすることだろう。

いきなり新しいものをつくろうとしなくても、今まであるものにストーリーをつければ人はワクワクする。そして、その実行の健全性を数字で常時管理できるようにな

図4-5　シームレス戦略の成果

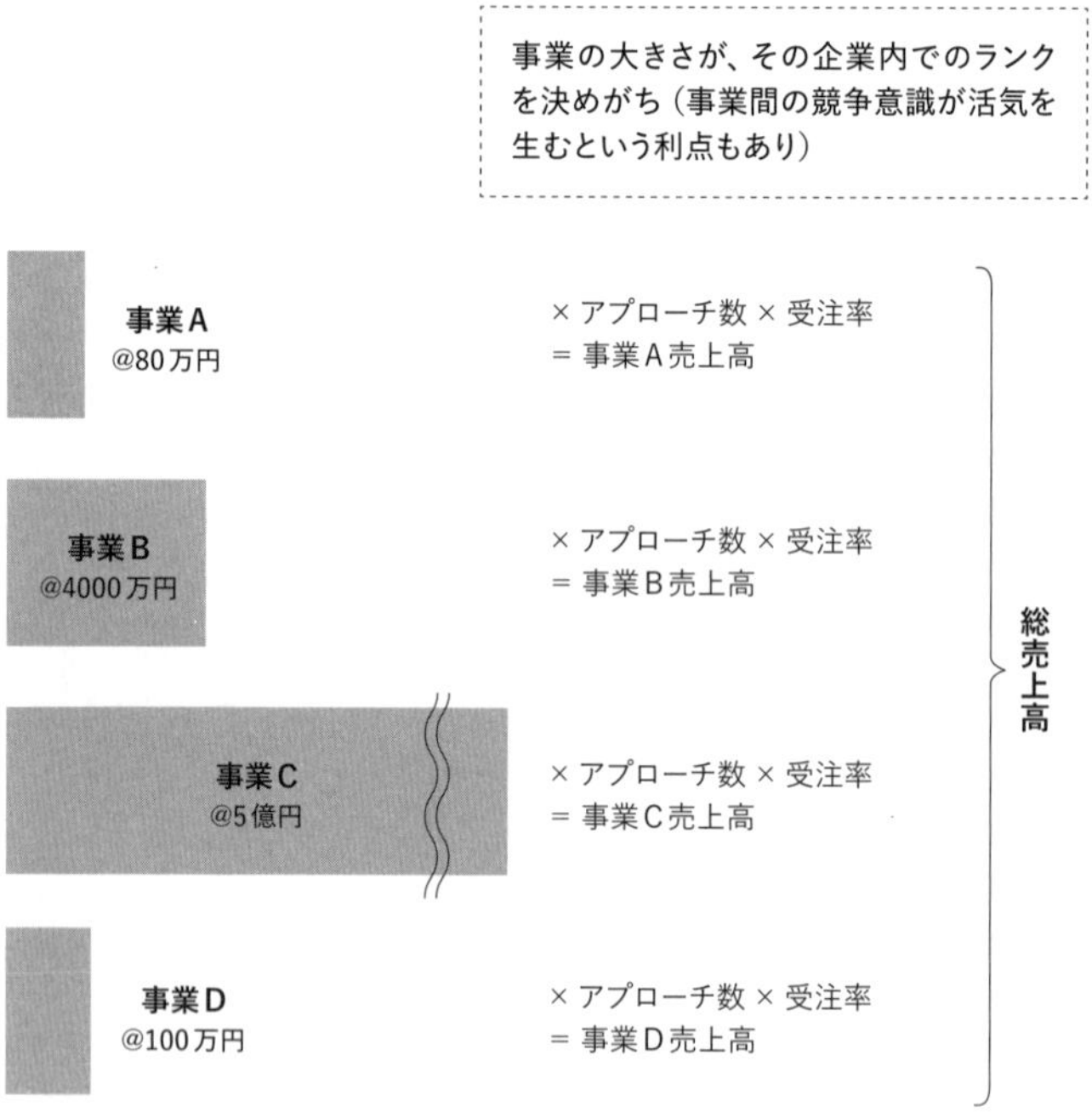
事業の大きさが、その企業内でのランクを決めがち（事業間の競争意識が活気を生むという利点もあり）
事業A
@80万円
× アプローチ数 × 受注率
＝ 事業A売上高
事業B
@4000万円
× アプローチ数 × 受注率
＝ 事業B売上高
事業C
@5億円
× アプローチ数 × 受注率
＝ 事業C売上高
事業D
@100万円
× アプローチ数 × 受注率
＝ 事業D売上高
総売上高

れば、人はそれに合わせて動き出し、工夫を始める。

大きなプロセス改革や、大規模なＩＴ投資が必要なのではない。必要なのは、ストーリーの明確化と、既存のマネジメントモデルの小さなブラッシュアップだ。これで新しいビジネスモデルが動き出す。古くて新しい発想の転換である。

マーケティング・トライアングルは一生ものの武器

企画でマーケティングを語るときほど、悩ましいものはない。調達とか生産、会計などと違って自然科学的でなく、人文科学的な情緒性がそこにあるからだ。

誰もがマーケティングについて、なんとなくわかっているような気になっている。ただ、実際に話をしてみると、同じような言葉を使っているのだが、なかなか相手にそのニュアンスを伝えられない。大勢でマーケティングを語るときこそ、皆で絵を描きながら、ここはこうとか、ここは違うとか議論しながらやりたい。読者の皆様は、「マーケティング戦略を図に表現せよ」といわれたら、どのような図を描かれるだろうか。

ここで説明するのは、私が事業モデルやマーケティングモデルを考える際に、ずっとバイブルとして活用している考え方で、ある流通業チェーンの新業態の開発を行っているときに先輩から教えていただいたものだ。自分で勝手に**「マーケティング・トライアングル」**と呼んでしまっている（図4−6）。

その後、いろいろな方にご紹介する機会があったが、どなたも、私がはじめて教えてもらったとき同様、この有益さに目から鱗といわんばかりに驚かれ、その後ずっと使われているようだ。一瞬、単純で当たり前に見えるが、実際のプロジェクトなどで描いてみると、見た目よりもはるかに奥が深いことを感じられよう。

トライアングルというからには3つの角からなる三角形だが、ここでは、それらをターゲット（Target）、バリュー（Value）、ビークル（Vehicle）の3つとしている。非常に抽象的な言い方をすれば、「どういったものを、どこに、どのようなかたちで提供するのか」というニュアンスに近いのだが、これをそれぞれ、顧客、製品、販売方法と呼んだのでは、どうも事業の本質を考えにくい。

例えば、通常のビジネスの中で、**「ターゲット」**といったら、どういうものを想像

図4-6　マーケティング・トライアングル

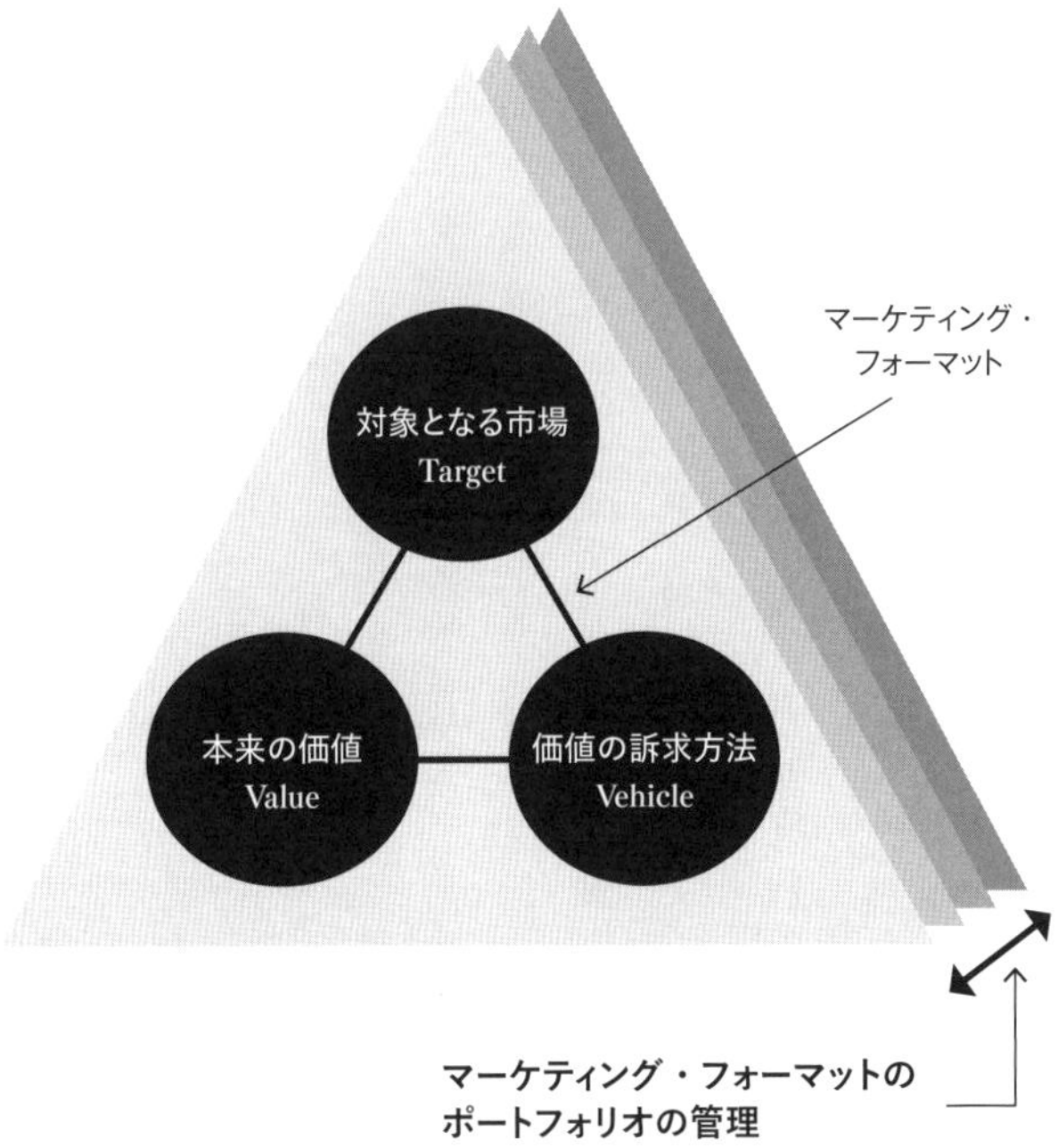

されるだろうか。おそらく大都市圏とかローカルとかの地域別、またB2Bであれば金融業とか製造業、公益市場などの顧客業態、またはグローバル企業とか大企業、中小企業といった企業規模で分類されたものになるだろう。B2Cであるならば、男女、年齢、年収といったデモグラフィック要素だろうか。普通なら、このうちのいくつかについて、同じ次元で整理してみるだろう。ただ、それだとどうしても、その次元に合わせようとしすぎて、ニュアンスが伝わりにくい。場合によっては、「これからグローバル化しようとしている企業」「これから金融業に事業分野を広げようとしている企業」「M&Aを盛んに進めようとしている企業」といったものや、B2Cであれば「結婚願望の強い男性」とか「今のキャリアに不安を感じている女性」といった、いわば「痒いところに手が届く」的な顧客像が欲しいと思ったりする。ここでいうターゲットとは、まさにそういった自由表現のものを指している。「自社の商品が売れそうなのに売れていない顧客層」「自社の既存の売り方ではもう将来性がなく、新しい売り方をしなければならない顧客層」など、なんでもありだ。逆にいえば、「戦略的に狙いたい顧客層」といったような、間違っていないのだが、抽象的すぎるものは絶対に防ぎたい。いろいろ出してみて、徐々に収束すればいいのだから、最初からまとめすぎず、毛穴で感じるものを出して議論すればいい。

次に「**バリュー**」について、これは、一般的には商品やサービスの魅力となりがちだが、ここではそれをもっと細かくていねいに考えてみる。例えば、メルセデス・ベンツという車の価値はなんだろうか。車本来の性能はもとより、デザイン、値崩れの少ない資産価値的魅力、さらには「メルセデスを所有している」ということによる自分自身のブランド力強化のようなものもあるだろう。あるいは「世界遺産になった富士山の登頂ツアー」というサービスがあったとする。これは何をバリューとしているものだろうか。もちろん、「山頂からの雄大な眺め」や「山頂まで登ったという達成感」などいろいろと価値はあるだろうが、その中でも今回のサービスは、「世界遺産になった記念として」という、ある意味「世界遺産になった話題」に便乗した有効期限つきの価値もありそうだ。このバリューは当然のことながら、誰にとっての価値かにより異なる。だからこそ、一般的にいわれるものだけではなく、意外な価値が存在するわけだ。**値札がついている商品やサービスそのものでなく、その中にある本来の価値をバリューとしたい。**

そして、最後に「**ビークル**」だが、英語でいえば「乗り物」となる。**ターゲットに**

対してバリューを提供する際のコミュニケーションもしくは演出方法とでもいえよう。実は3つの要素のうち、このビークルが一番、説明が難しく、工夫次第で相当に面白いことができるものだ。

例えば小売業であれば、ビークルは店舗だと思ってしまいがちだが、それではまだビークルとしての工夫がない。店舗のもつ要素をさらに細かく考え、例えば「スペイン風の外装で」と店舗デザインを工夫したり、あるいは販売方法として「コンサルティングセールスで」とか「無接客（あるいは無店舗）方式で」というような接客方法だったり、「ネット販売で」というようなチャネル形式だったり、いろいろと考えられる。

例えば、「ディスカウンター」と「アウトレット」の比較で考えてみるとわかりやすい。どちらも「安さ」を訴求するものだが、安さのニュアンスが異なる。ディスカウンターのターゲットは「絶対的な低価格を求める顧客層」、とにかく他店で買うよりも安くというタイプだ。こうした彼らにとってのバリューは「安さ」以外の何ものでもない。そこで、こうした顧客層に「当店は本当に安いものが置いてある」と示すために、ビークルは、「倉庫のような、金をかけていない店舗」だったり、「〝他店のほうが安ければ、その分、値引きします〟と書かれた張り紙」だったりする。一方、アウトレットの場合はどうだろう。大事なのは金額の絶対値ではなく、「よいものをより安く」買った満足感だ。ターゲットは「値ごろ感を求める顧客層」であり「賢く情報武装された人々」となる。バリューは「高い品質で本来は高額だが、表面に出ない問題があって、その分安くなっている商品」というものになる。そしてビークルは「なぜ安いかがわかる」情報となる。

また、アウトレットそのものでなく、「非日常性を家族や友人と楽しむ」をバリューに考えるターゲットについては、「避暑地のお洒落な雰囲気の大型商業施設内の店舗」といった物理的な提供手段の演出が考えられよう。

実際にこの手法を、**事業の整理や新事業開発などで使う場合には、3つの要素を全部考えるということはしない**。自社の得意な部分、あるいは、その時点において、ある特定のものが決まってしまっている部分をロックし、その他2つの要素を考えるとよい。圧倒的に低コストあるいはイノベーティブな製品を自社がもっているとすれば、その販売に関する企画としてターゲットとビークルを考える。あるいは、圧倒的な顧客基盤がある場合には、それを有効活用した新規事業を企画するためにバリューとビークルを考える。また、新興国などに有力な販売チャネルをもっているなら、それを活用した事業を企画するためにターゲットとそれに対するバリューを考える、といった具合だ。

例えば、次のようなケースを考えてみよう。

オートバイをつくっているメーカーについて考えてみよう。マーケティング・トライアングルのうち、バリューである「オートバイ」がまずはロックされた。そうなると考えるべきはターゲットとビークルだ。

まずはターゲットだが、オートバイメーカーの顧客は誰だろうか。まず浮かぶのは高校生あるいは大学生といった「学生」だ。しかし、彼らが実際に金を払うのだろうか。親かもしれない。となれば学生は「ユーザー」だ。金を払うのは父親だろうか。たとえお金は父親が払うとしても、母親は「オートバイに乗るなんて危ない」と心配し反対するかもしれない。しかし、母親が納得すれば、父親が購買を許し、その金を出す。つまり父親は「スポンサー」であり、母親がスポンサーとしての父親に強い影響力をもつ「インフルエンサー」だということになる。そのどれを、ターゲットと捉えればよいのだろうか。ここに「正解」はなく、どう考えるかによってさまざまなトライアングルが考えられる。

もし、ユーザーとしての学生をターゲットと捉えるならば、ビークルは親の援助なく月々のアルバイトで支払いができるようなクレジットの仕組みになるかもしれない。

他はどうか。

スポンサーとしての父親に直接働きかけるより、インフルエンサーの母親に理解を求め、父親に働きかけてもらうという手があるかもしれない。この場合は、三角形のうちのターゲットが母親になる。そして、バリューとビークルを決めればいいわけだ。

バリューは「オートバイは楽しい乗り物であり、正しく乗れば危険はない」というメッセージだ。これを正しく伝えるビークルは何か。（いわゆるスクーターの形をした）小さなモペットを買い物などで自転車に替わる乗り物として母親向けに販売したらどうだろうか。この場合のモペットはもちろん製品ではあるが、ここで儲ける必要はない。むしろ、コストをできるだけ落として気軽に買える価格にすればよい。母親がオートバイの楽しさを体験することで、学生の息子が乗りたいといったときに後押ししてくれる……と、まあこんな感じになる。もうひとつ、クラウドビジネスについて考えてみよう（図4－7）。

「クラウドは、バリューなのかビークルなのか、が論点になる。どちらだろうか？」

答えは、両方ともあり得る。例えば、もしクラウドを「バリュー」、すなわち提供する価値そのものだと捉えれば、「ターゲット」は誰だろうか。おそらくIT部門だ。「ビークル」は専門技術者だ。売り手としては、専門技術者の数で差別化を図るのかもしれない。クラウドをバリューとした場合のパターンはまだまだあるはずだ。

一方、クラウドを「ビークル」として捉えたらどうなるのだろうか。言い換えれば「クラウド（というツール）によって何かの価値を提供する」ということだ。これもいろいろ考えられるが、例えば、海外での迅速なスタートアップなどにクラウドを活用すればメリットはきわめて大きいと思われる。もちろん、こちらのほうも、その他にもいろいろ、いや無数にあるはずだ。この場合、ターゲットはIT部門というよりは、

図4-7　クラウドはバリューか、ビークルか

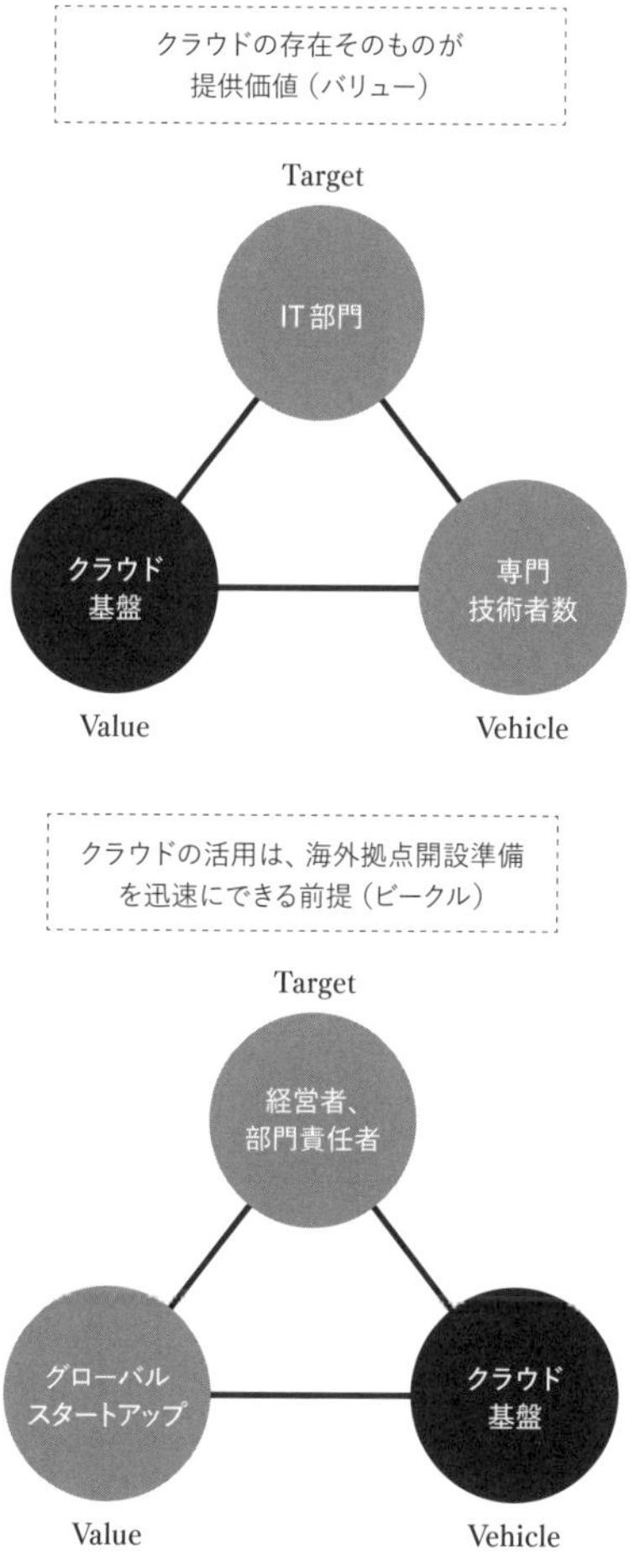

経営者だったり部門の責任者だったりになるだろう。

トライアングルの使い方について、なんとなくのイメージはつかんでいただけただろうか。

自社にとって何か得意なこと、あるいはこれから重要となる技術があったとして、それそのものを、「バリュー」とするのか、それとも「ビークル」と捉えるのか。ここがマーケティングの鍵を握っている。私のお勧めは、**自社の商品なりサービスなりを、直接の価値とせずに、「ビークル」と置いた場合、「バリュー」としてどんなものがあるかを考えてみることだ。そうすると意外な発見があると確信している。**

ちなみに「商品を宣伝する」という言葉があるが、厳密にいえば、宣伝とは、商品のことを説明するのでなく「この三角形の存在を認知させる」という言い方が正しいと思う。いわば、この三角形が揃ってひとつの事業であり、市場への認知活動の単位でもある。

そして、通常の企業には、この三角形が複数個あり、経営環境に応じて増減が検討されている。市場創造のために新しいフォーマットを開発するケース、ひとつの強力なフォーマットで勝負するケースなど、そのポートフォリオの考え方はさまざまあるだろう。

そして、このフォーマットは一枚だけでなく、企業には常時、複数存在するはずだ。大きく事業という単位でハイレベルなフォーマットをつくり、そこの中に存在する子事業をさらに細かなトライアングルで表現してもいい。図4−8は、あるIT企業の事業を表そうとしたものである。この企業がもつ競争優位の源泉は「川上から川下までの一環したサービス」らしい。そして、その川上、中流、川下、それぞれの事業を、トライアングルで整理している。

もし、このトライアングルが一枚だけなら、専業企業だ。参入障壁をもった圧倒的に強い事業をひとつもっている。おそらくそれは「ビークル」のところで説明されるはずだ。

一方、トライアングルが多ければ、ポートフォリオ経営となる。その場合の競争優位の源泉は、一枚一枚のフォーマットもさることながら、状況に合わせて、必要なトライアングルのポートフォリオを管理すること、つまりは、フォーマットの改廃だ。私はこれをマーケティング・マネジメントと呼んでいる。

繰り返しになるが、マーケティングは、人それぞれで一家言もっているようなテー

図4-8　ポートフォリオ経営のマーケティング・トライアングル

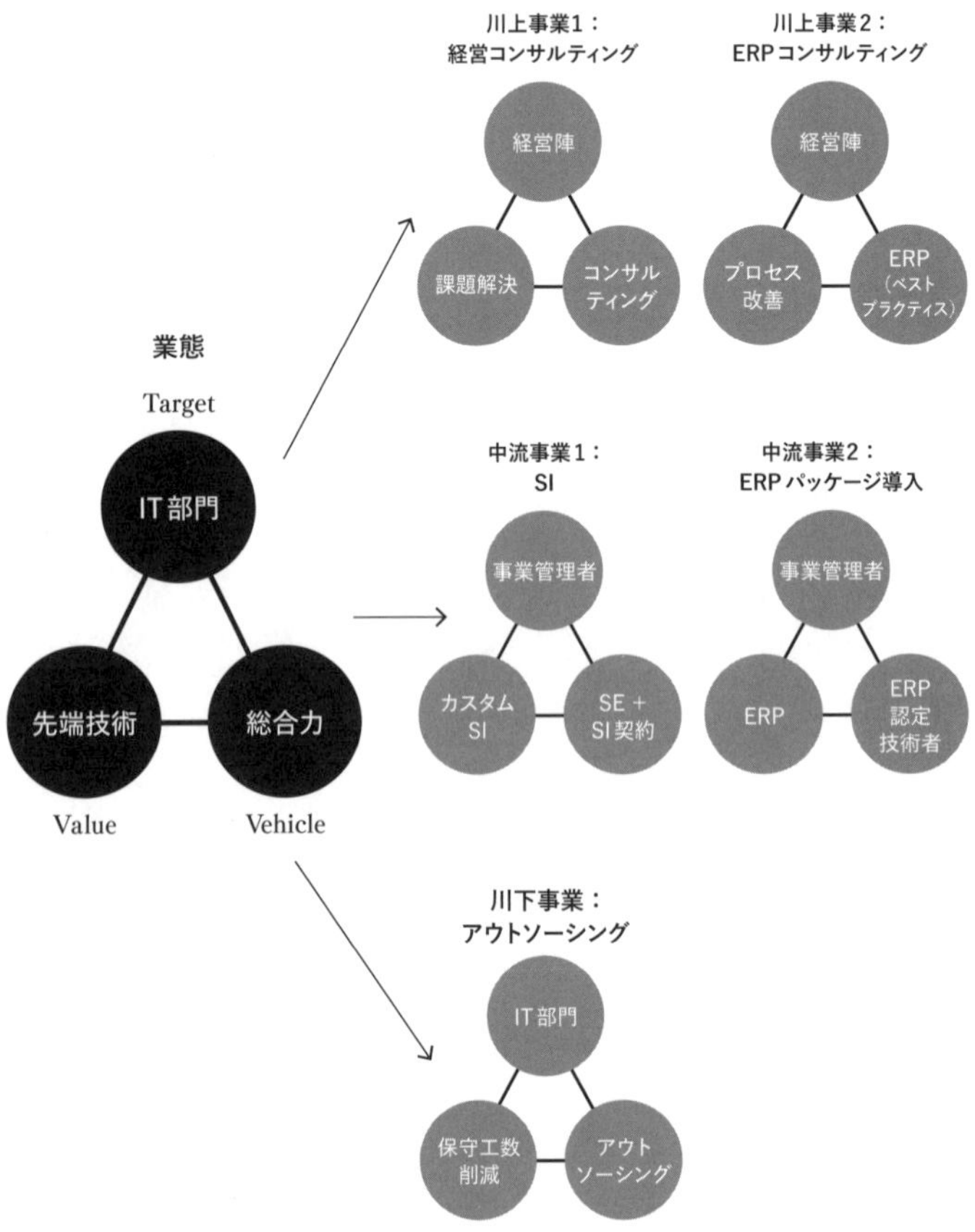

マだ。

考えを図に示し、その図の論点となる場所を指で指しながら議論しなければ、議論は空中戦だ。私は、個人的に、このチャートで何度、命拾いをしたかわからない。

今回、ここで示したものと同じである必要はまったくないが、

発想をビジネスに変える構想段階では、何かしらの事業の「見える化」のツールを、自分のものとして用意しておく必要がある

ことを、ここで強調しておきたい。

ちょっと余談になるが……。

エリック・クラプトンのライブは、毎年のように日本で開催される。それにもかか

わらず、チケットは毎回すぐに完売になる。そこで歌われるのはＣＤで何度も聴いた曲であり、新しい曲が聴けるわけでもない。

興味がない人からすれば、毎年日本に来て毎回同じような曲しか歌わないなんて、わざわざライブに行く必要はないのではないかと思うだろう。しかしその中には、何度行っても毎年新鮮な気持ちで楽しんでいる人、自らの若かった時代を思い出して束の間の非日常性を求める人、あるいは親子で共通の好みということで家族の団らんを楽しむ人もいるだろう。

そして、それらの人々に価値を提供できるのはクラプトンだけではないはずだ。初来日、数十年に一度のアーティストもいる。場所についても数えきれないほどあり、同じ場所でもステージや照明の工夫により、別ものとなる。このような状況で、新たにライブを企画するとしたらどんなものが考えられるか。というよりも、現状、何がどうなっているのか、どう整理し、どういう人に何を訴求すればいいのか。マーケティング・トライアングルが便利に活用できそうな気がしていただけたのではないだろうか。

その企画は発想型か、実行型か

> 企画の構想は大きく分類すると、発想型と実行型に分けられる。発想型は、何をどうすればよいか、すなわちWHATの部分で悩むタイプであり、実行型は、やらなければならないことが明確だが、実現の難易度がきわめて高く、どうやって実現するか、HOWで悩むタイプだ。あなたの企画はどちらだろう？

事例もなく、いきなり結論めいたものを示してしまったので、事例を示そう。

例えば、「自転車業界のアップル社になりたい」と考えている自転車屋があるとしよう。この場合、大きく分けると企画には2つのパターンがある。発想型の企画は、「自転車業界のアップル社とはどういうものか」というものだ。一方、実行型の企画は、「アップル社的な自転車屋とはこういうものだ」というアイディアはあり、それを実行するためにはどうしたらよいかを考えるというものだ。

経営改革の話で同様に考えてみよう。新たな経営モデルはどのようなものだろう、と考えるときも発想型と実行型で分けることができる。発想型は、今までに誰も思いつきもしなかった、その企業にとっての「大いなる企て」だ。きわめて幸運な偶然によるひらめき、あるいは天才の存在なき場合には、今までに述べてきたような技術革新、法規制緩和、競争環境の変化、顧客の成熟化などといったチェンジドライバーに助けを乞うことになる。

前に述べたように、チェンジドライバーはゲームのルールを一新する要因だ。それが存在しなければ、この大いなる企ては、努力の関数、すなわち「今までやってきたことを、より一生懸命にやる」ということになり、これは発想型でなく、実行型以外の何ものでもない。

チェンジドライバーが判明したら、どうあるべきかを「普通に」考えるだけだ。つまり、それに向けて早く準備したということ、それだけで、何よりの競争優位の源泉になるからだ。しかし、それは承認者たちにとっては、今までの延長線上にないまったく新しい常識に基づくものとなり、長年積み上げてきた成功体験のルールを破ることになる。したがって、企画の結論だけを見せてわかってもらおうとしても、まったくピンとこないはずだ。どうすればよいか。以下のようなかたちで「道筋」を提示し、承認者に理解いただくしかない。

- 現状に関する認識の共有化（今も続く過去の成功体験の整理）
- チェンジドライバーに関する認識の共有化（それによる脅威と機会）
- 戦略的なオプションの抽出（まったく新たに自分たちで考えるか、チェンジドライバーを経験した地域や業界のプラクティスを技術移転するかなど）
- 推奨案とその根拠の提示

一方、実行型だが、あらかじめ「あるべき姿」は暗黙の常識となっている。問題は「社内の誰もが実現不可能だと思っている事柄を、いかに実行に移し成功させるか」ということだ。ただ、これは発想型のような正攻法ではなかなかうまくいかない。そもそも、わざわざ企画となるからには、普通では「実行できない」ものなのだ。

多くの場合、その企画は依頼者がいて、「何をしてほしいか（ＷＨＡＴ）」ありきで、その実行の企画化が開始される。テーマ的には、目標をあらかじめ指定されたケースでの、例えば成長戦略、構造改革、企業統合、リストラなどが当てはまる。

このパターンで一番困るのは、「やるべきことは決まっているんだから、それを実行するアイディアを出せ」と明確なゴールをあらかじめ指定されて、その企画が走り出す場合だ。例えば、「過去5年間マイナス成長の中、来年も相変わらず今年と同じ厳しい状況にある。でもなんとかプラス成長に転じる方法を考えてこい。ただし、他社との提携やM&Aはダメだぞ」という制約つきの無理難題を「実行への工夫」とか「皆の知恵を借りて」というかたちで指示されたりする。

私の被害者意識からかもしれないが、いわゆる外資系という企業に属していると、この手の指示が「天から降ってくる」ことが多い。まあいってみれば、「今日中に東京から大阪に行って、荷物を取って来い。ただし交通機関は一切使うなよ」とでもいわれているような気がしてくる。

ただ、少なくとも、最初の段階で「できない」はないわけだから、まずは考えてみる。私の場合、こうした状況では、次に述べる3種類のアプローチがある。

●計画駆動型アプローチ

正攻法はないといいつつ、これは、比較的、正攻法に近いかもしれない。与えられた「ミッション」を素直に実行した場合の計画を精緻につくってみるという方法だ。企画の指示者が、ぐうの音も出ないほど精緻な計画の中で、どうしてもこのままでは実行不可能である部分を抽出し、企画の指示者に代替案を提示しつつ、相談を行う。この相談の効用については後続の章でくわしく述べるが、相談の目的には、「(企画を指示した側の）相手に、状況の難しさを正確に認知してもらう」ということが含まれている。

「計画」という目に見えるものを関係者で共有しながら、時には企画の指示者側にリスクをとってもらったり、目標値を譲歩してもらったりしながら、着地点、着地方法を探る。

企画が必要とされる以上、そこには普通ではできない「不可能」が存在する。企画の指示者側に、実行方法を正しく認識してもらい、実行状況を正しく伝えることで、何か問題が起きた場合、またその前兆があった場合に、その解決に向け、指示者側の権限を迅速に行使してもらうことが、その実行力を担保するという理屈だ。

●意思決定駆動型アプローチ

経営者から、「□□事業の利益率○％必達」的な要求をされ、その実現に向けての企画を策定するとしよう。経営者の暗黙の前提は「（今の延長線上で）現場の知恵を借りて工夫せよ」だが、企画者のみならず社員の多くは、「そんな大きな目標の達成は、今までの延長線上ではとても無理だ（今の延長線上にない）」と思っている。意思決定駆動型は、そのような場合の考え方だ。

今までの発想のままではとても実現しない。となれば、ハイリスク・ハイリターン型の企画にならざるを得ない。しかし、経営者としては、そこまでの認識ないしは覚悟はしていない。その企業が今まではタブー視していたこと、例えば、M＆A、事業撤退、リストラなどが代表的なものだ。

打開策は、経営者の英断（ビッグディシジョン）しかない。そのため、企画の内容は、「その目標達成には、今までの常識を超える発想が必要であり、それを行わない限り目標の達成は不可能である」ことを理解してもらうためのものとなる。

つまり、まずは**暗黙の前提を打ち消して、打ち手のオプションを広げることで実行**

力を上げようというものだ。

●仕切り直し型アプローチ

これは、目標値の修正を図るということ、まあ、平たくいえば**「目標値を下げてもらう」**ということになる。

企画を受けた段階で、「絶対に無理だろう」と思うことがある。ただ、企画の依頼側は、実現が難しいことがわかっているから企画を依頼しているわけだ。何もやりもせず、「できない」と言い切ってしまうのは無礼千万以外の何ものでもない。たいていの場合、やってみるうちに、いろいろなことが見えてくる。実行の難しさが明確につかめてきた段階で、その状況を依頼側に相談する。

そして、その際には「目標○○のところ、××までなら、なんとかできる可能性が残っている」と代替案を用意する。前述の意思決定駆動型は、打ち手のオプションを広げることで、企画の実行力を担保しようというものだが、この「仕切り直し型」は文字通り、企画の初期の段階で相手の期待値を正すことによって、実行可能性を確保するという考え方だ。

いずれにせよ、発想型は、文字通り「発想」がなければ一切何も進まない。一方、実行型はといえば、これまた実行を可能にする新しい技術の応用だとか、今までとは違うかたちでのステークホルダーとの調整だとかの、いわゆる新しい「発想」が必要になる。

企画をつくっていると、何をどう考えたらよいのかわからないとか、最初は素晴らしいと思っていたアイディアが本当によいものかわからなくなってきた、といった「行き詰まり現象」に誰もが一度は陥るだろう。

そんなときには、さっと休憩をとるのが一番だが、あえて休憩をとったり睡眠をとったりしようとしても、せっかくつくった企画とその作業時間がムダになったのではないかと焦燥感を覚えて休むどころではなくなってくることもある。そんなときに私が考えるのは、

そもそも、この企画に求められているものは、
新発想なのか実行局面での発想なのか、
つまりは、差別化や課題解決に向けての従来にない
画期的なアイディアなのか、それとも何かを
確実に実行するためのアイディアなのか

ということだ。もちろん、企画には両方の要素が必要なわけだが、どちらに力点を置くべきかがわかると、急にコンセプトがまとめやすくなり安堵感を覚える。そもそもは、そうなる前によく頭を休めておくことができれば一番なのだが……。

意外に奥が深い「目的」「目標」の設定

仕事柄、企業の事業計画の説明を見聞きすることが多いが、しばしば、「目的」と「目標」が混同されているのを目にする。見た目で区別するなら、目的は定性的表現、目標は定量的表現といえる。

「目的」は、どうなりたいかを示したものだ。すごくマクロなレベルでは、「顧客満足度の向上」「グローバリゼーションの推進」などがそれにあたる。一方、**「目標」は、これらの目的が、「どうなると達成されたとみなすか」を示すもの**だ。例えば、売上3％成長、海外売上高比率70％、リピート率10％向上、といったものだ。

定性的表現と定量的表現という言葉を並べると、数字でデジタルに達成が把握できる定量的表現だけがあればいい、と思われることもある。が、両者はワンセットだ。目標が数字として示されていれば、たしかに誰が見ても達成できたかどうか、または達成にどれだけ足りないかがすぐわかる。

ただ、一般的に考えて、数字だけをホイと与えられて、やる気が出るだろうか。もちろん会社から給与をもらっている以上、決められたことはやらなければならない。しかし、今までにないような大きな変革を行う場合には、会社と労働者の間の契約だけを持ち出しても無理がある。変革には痛みが伴う。痛みとまでいかない場合も、面倒はかかる。痛みや面倒がある中、それらを乗り越えて進むためには、動機づけが必要だ。ただ、動機づけというとすぐにインセンティブ、というのはお寒い話だ。

企業にとっての変革を、社員一人ひとりにとっての自己実現ないしは「自分事」化できないだろうか。そのときに重要になってくるのが、ここでいう目的である。

言い換えれば、この変革をなんのためにやるのか、やれば何が実現できるのか、それを示すのが目的であり、何をどこまでやればその目的が達成できるのかを定量的に誰にでもわかるようにしたものが目標ということになる。残念ながら、時折、目的と目標が混在したまま目標とされているものや、目標と書いてありながら定量的に達成状況が把握できないものもある。まずは何を目指すのか、これは企画のイロハだ。**目的と目標の親密な関係と明確な違いを意識したい。**

個別に少々説明を加えるなら、目的は、社員がワクワクするものでありたい。例えば、目的が「顧客満足度の向上」だけでは、悪い話ではないにせよ、特段、ワクワクするものでもない。世の中で、顧客満足度の向上を迷惑がる企業はない。社員からしても、当たり前の話をいちいち強調されれば、余計に退屈な気分になる。そんなときはどうしたらいいだろうか。

私は、いつも、それを達成したときの「シーン」を想像することにしている。

例えば、「当社の製品を海外で使っていたら故障してしまった。現地のサービスセンターに電話したら、旅行中の代替機をすぐに貸してくれた」。あるいは、「顧客がお子さんの誕生日に当社の製品をプレゼントする。そのお子さんが箱を開けてみたら、当社製品のロゴが出てきて、それだけで大喜びをした」、または、「海外に行ったときに『日本から来た』といったらすぐに当社の名前が出てきて親切にされた」とか、そんな単純なシーンでかまわない。つまり、最初にそのシーンがあって、それぞれの例が、どういう顧客満足度の向上なのか、あとで分類してみればいい。顧客満足度が重要だから、「じゃあ目的は、顧客満足度の向上ね」では、ただでさえ後ずさりしそうな変革に、元気が出ようはずがない。

そして、目的が決まれば次は目標だ。これには若干のセンスが必要だと思う。例えば、先ほどの例である「海外に行ったときに『日本から来た』といったらすぐに当社の名前が出た」といった場合、何人中何人の人が名前をあげたかなどは、計測できるものではない。だから、それを代替する測りやすい指標（代替指標）を探さなければならない。例えば「その国における当社製品のシェア」などは、使えそうだ。個人的には、アンケートもの、例えば、いくらそれが権威ある調査だとしても、定性的なインタビューをもとにした「ブランドランキングでトップ10」的なものはお勧めしない。もし、代替指標としての精度に問題があるとわかった場合に、どこに原因があるかを把握できないためだ。あくまでも、自分の組織が管理しているデータから、代替指標は定義すべきだと思う。

何か目標を掲げようとすると、「その達成度合いを数字でとらなければならない」ということで、売上の成長なら、「売上高の伸び率」的に、そのものズバリの数字を探し、それがないと目標そのものまであきらめるという場合を時々目にする。これはあまりに本末転倒すぎる。それそのものの数字はとれなくても、よくある指標をちょっと工夫するだけで代替指標となる。代替指標は、「風が吹けば桶屋が儲かる」方式で、目標との連動性の簡単な仮説をもったものでいい。

もし、何かおかしいかなと思ったら、その代替指標を見直せばいいだけだ。替わりとなるものは、一瞬でいくつも思いつくだろう。数字がとれないから、その目標そのものをやめてしまおうというよりは、はるかにいいと思う。

目標の設定方法について、特に強調したいことがある。それは、**目標は、ＫＰＩ（Key Performance Indicator：評価尺度）とゴール（数値）で構成される**ということだ。

ここで注意しなければならないことが、２つある。

ひとつは、**ＫＰＩは必ずなんらかの「単位」がつく**ことだ。円、ドル、分、秒、キロメートル、リットル、デシベル、ワット、ジュール等がついていること。単位が決まれば定量化できる。逆に単位がわからないものは、達成度がわからないものであり、無意味という以上に、人々にその「企画者のやる気」を疑わせることとなる。

さらにもうひとつの重要事項、それは、**ＫＰＩとゴールを同時に考えてはならない**ということだ。例えば、「○○製品の利益率７％以上を目標としよう」と誰かが提案したときに、他の誰かが即座に「それはダメだ」と異論を唱えたとしよう。その異論は、「利益率」を尺度（単位）とすることに反対なのか、「７％以上」というゴールの大きさに対して反対なのか、それとも両方ともに反対なのかがまったくわからない。

本来は、「ＫＰＩとして利益率でよいか」の議論がまずあり、それが皆に納得され決定された段階で、「次にそのゴールだが、それは『××％以上』ということでよいか」と考えていくべきだ。この順番を明確に守りさえすれば、目標設定にまつわる調整作業の効率は相当に上がるはずだ。

目的、目標の設定は、企画の華だ。ここをきちんと考えないと、周りの人から見れば「なぜそれをやらなければならないか」がわからない。日本人はとかく、「そんな、目的だ、目標だのと机の上で考えているよりも、とにかくはアクションだ。実行していれば結果はおのずとついてくる」とか「目的とか目標はどうでもよくて、とにかくは今何ができるかからやれ」となりがちに感じる。高度経済成長期であればそうだったかもしれない。しかし残念ながら、今は低成長の時代だ。単に「やれ」、というだけでは前に進めない。変革に向かっての重い腰を上げさせなければならない。

それを可能にするのが、目的と目標に関する納得と共感だと思う。その最大のポイントは、**目的と目標に関しての両者の分離と連動化**だ。これがなければ、出てくる数字すべてに白けてしまい、逆に、人々の「変わりたい」という気持ちをあきらめさせてしまうだろう。現にあちこちに安易な目的と目標の乱立が存在している。気をつけたい。

「取引」「商い」「事業」を明確に分離せよ

新規事業という甘美な響きは、いつでも、企業の特に若手を魅了する。ただ、若手中心の新規事業の企画などでは、よく、「こういう製品をつくったら売れる」とか「今の〇〇事業をクラウド化すれば、こういう市場に売れるようになる」と、単純に売れる売れないを考えることが、「事業」を考えることだと理解しているケースを見受ける。

私は事業化というものを考える際に、「取引」「商い」「事業」の3つのステージに分けるようにしている。**「取引」は、特に販売できるとも思わなかったものが、販売してみたら売れたというレベル。「商い」は、それで確実に利益を得られるよう値づけを考え、広告宣伝や、ビジネスパートナーとのアライアンスで、大きな売上が安定して得られるような仕組みができた段階。「事業」は、モノばかりでなく、資金調達や、ヒトの採用、育成、退職などのプロセスが整備され、永久運動体として活動が続けられるようになっている**ことだ。

例えば、バカバカしい例で恐縮だが、万年筆のキャップでバーボンを飲んだとしよう。バーボンというのはのどに当てるようにクッと飲まないと美味しくない。万年筆のキャップは、バーボンをクッと飲むのにちょうどいい大きさだった。「これはいい」と思い、商品化すると、どうしたわけか売れてしまった。これが「取引」のイメージだ。なんとなく商売になるかもしれないなあと思って、売ってみたら売れてしまったというやつだ。

次に、この商品に「バーボン用おちょこ」という名前をつけ、定期的に決まった個数をつくって売ることにした。原価は150円だが、色を変えたり、包装を工夫したりすると200円で売れる。商品は話題となり、今、どんどん注文が来ている状態だ。これを「商い」という。

売れ行きは順調だが、このくらい商売の規模が大きくなってくれば、資金調達、人材採用や評価、数々の情報開示のすべてを自分が回すことはできない。というわけで、組織を考えリーダーを任命する。オペレーションプロセスとマネジメントプロセスを整備する。アライアンスを考える。自分ですべてを見なくても、勝手に成長が行われ、勝手に問題解決が図られる体制を整備する。ここまでくれば「事業」だ。

この辺について、オフィス家具と文具のメーカーであるプラスの今泉嘉久会長から以前、面白い話を教えていただいた。人材には3種類あるという。「0から1をつくれる人」「1を3にできる人」、そして「3から10に引き上げられる人」だそうだ。私は、0から1の人は、無から有を発想できる人、1から3は、商いを事業として整備できる人、3から10はその事業を大きく成長させられる人だと理解した。

今あなたが着手している企画は、今まで誰も思いつかなかったような発想での売り方や商品をつくるといった「無から有を考える」というもの（取引に関するイノベーション）か、あるいは、どこかですでに発想され実験的に開始され成功の兆しが見えているものを、きちんとした商売に発展させるというもの（商いレベルへの展開）か、それとも、すでに商売として確立しているものを、一大事業として体制を整え急成長させるためのもの（事業レベル）か、を考えてみることをお勧めしたい。構想のスコープが明らかになり、議論の発散がなくなるはずだ。

正しい戦略は、正しく弱点をもつ

いまさらだが、戦略とはなんだろうか。

昨今、何かというと「戦略的」という言葉が使われている。戦略的意思決定、戦略的アライアンス、戦略的商品。意地悪な見方をすると、戦略的という文字を抜いても実態はあまり変わらない気がする。

そもそも、戦略とは、ヒト・モノ・カネという経営資源を、いつ、どこに、どれだけ集中化するかということだ。この場合の集中化とは、いうなれば「片寄せ」と同意だ。経営資源をどこかに片寄せするわけだから、当然、「新たに弱くなってしまう部分」が発生する。逆にいえば、つくられたものが、戦略になっているかどうかを確認する際には、弱くなった部分があるのかどうかを見ればいい。

経営者の皆さんとお会いした際、「今回、我々はよい戦略ができた」といわれると、ついついしてしまう質問がある。「この戦略を実行することによって御社はどこが弱くなるのだろう？」と聞いて水を差してしまう。2021年に出した『戦略質問』では、**「あなたの会社は新しい戦略を策定されましたが、それにより、どこが弱くなりますか?」**というかたちで紹介した。

反応パターンは、2つだ。

「□□事業や〇〇市場なんかは、ダメになるだろうね」とくるものと、「いや特段、弱くなるところはない」とくるものだ。問題は後者だ。気持ちはわかるし、第一、無関係な人間からそんなことを聞かれれば無礼な奴だと腹が立つこともあろう。だから、その回答=本心とは思わない。しかし、「弱くなるところはない」というのが本当であるとすれば、それは総花主義的につくられたものであり、戦略というよりは改善と呼ぶべきものだろう。

もちろん、自社がその業界でダントツに強く、どこをどう動かしても弱くなるところはないという企業は例外だが、そういう企業は稀だろう。つまり、考えられたものが、「戦略的」であるということは、どこかを強くした一方で、どこかに必然的に弱点ができるということだ。

読者の皆様には、どうかご自身の企画の中で、「戦略的」という言葉を乱発することなく、そして弱さができてしまうことを指摘されたりすることに決して怯えたりせず、必然的に弱点ができてしまう、本当の意味で「戦略的な」企画をつくっていただきたいと思う。

第5章

実現シナリオ編

組織の底辺にある感情を武器としよう

実行そのもののデザイン
──組織と仲間を「その気」にさせる

戦略には、何をするのか（ＷＨＡＴ）と、どうやってそれを実現するのか（ＨＯＷ）があると前に述べた。前章の「構想」は、企画でいえばＷＨＡＴを考える作業だ。次に説明させていただくのは、そのＷＨＡＴを実現するためのシナリオ、つまりは戦略のＨＯＷの部分となる。

ＷＨＡＴの世界には、一瞬の発想というものが存在したが、ＨＯＷの世界にそれはない。構想が、本当に実現できるよう、粛々と作業を洗い出し、障害を取り除いていくだけだ。ではすぐに、というわけで、「どういうスキルをもった人間が何人必要で」「どういうタスクをどういう手順で」という話になりやすいが、それだけで済むなら話は非常に簡単だ。

企画は、その実行を支援してくれる仲間がいなければ実現されない。その仲間の多くは、企画者の権限では動かせない他の組織の人間だ。誰もが現業で忙しい中、現場から優秀な人材を、その組織の業務と無関係な新しいことのために出してくれる、そんな宇宙のように心の広いマネジメントが存在するとは思えない。むろん、トップに働きかけて、ご指名でその人材を獲得するという方法が定石だ。が、多くの場合、それだけでは、機能しにくい。支援を求められた人材としては、現業から一瞬でも離れると、今の組織での「居場所を失う」という心配があり、「片足だけを突っ込んだ」状態で、気持ちも入らない。となれば、だ。企画が完了し、その承認をもらってから、実行のための体制の調整をするか。いや、これでは遅すぎる。

組織の底辺に流れる感情を意識し、「これならできる」「これをやるには自分が必要だ」「この企てにはぜひ参加してみたい」と思わせるような、魅力的な「実行作業の姿」を見せなければならない。つまりは「実行そのもののデザイン」が必要だということだ。構想に比べれば地味な作業になるが、企画者が、組織を動かし、自分の背丈を超えた仕事をできるかは、ここにかかっている。実行をデザインするための着眼点を、いくつか披露したい。

「今日の午後から何をするか？」

例えば、市場調査を行うとしよう。

まず何から始めるかと聞くと、「市場調査のための戦略の策定です」となる人がいる。では、その戦略をつくるために何をするのかというと、「戦略の策定までのアプローチの検討です」となり、じゃあそのアプローチはどうやって考えるのかというと、「アプローチのための戦略づくりからです」と無限ループに入っていく。きっと市場調査は永遠に着手されない。これは、ある企画ができて、その実行の最初に市場調査という作業があったときに、「市場調査に向けての企画書をつくらなければ」といっているのと同じだ。企画のための作業に企画が必要となる、というわけだ。作業は「思考」と「アクション」のセットだからその気持ちはわからなくもないが、外から見たら、つまらないお笑いネタのようだ。

実行を考えているのになかなか実行にたどりつかない、それは実行以前の問題として、何を実行するのかがわかっていない場合が多い。つまり、実行の設計力がないのでなく、構想が甘いのかもしれないということだ。ただ、構想が完璧にできてから実行を設計する必要はない。両者には明確な順番があるものの、小さなキャッチボールが出てくるのは当然のことだ。

私は、実行を考える際に、いつも「今日の午後から何をするか？」を考える。大きな構想を実行に移すにあたり、最初の一歩は何になるだろうか。もしそれが、「会議を開催する」となったとしよう。会議のためには資料を準備しなければならない。そうなれば、まずはその時間を確保しなければならない。いや、先に会議室の予約だ。いやいや会議参加者への連絡だ。そうなれば、会議開催の連絡用のメールをしなければならない。まずは文面だ。ただ、いきなりメールが飛んできても、わけがわからないだろう。だとすれば、まずは電話で根回しだ。と、たいていの場合、一本の電話からことが始まる。

これは、ちょっと専門的にいうと、**タスク（必要作業）をアクティビティ（実行項目）**に変えるということになる。

この「今日の午後から何をするのか？」という問いかけは、作業をアクティビティに変える魔法の質問だと、自分では思っている。実行に迷っている人がいたら、これをぜひ問いかけてみてほしい。

組織の静止摩擦係数を考えよう

例えば、「〇〇の事業部を巻き込んで×××をする」というタスクがあったとしよう。アクションそのものは具体的に見える。しかし、どうやってそれを実行するのだろうか。わざわざ「巻き込む」という言葉が使われている背景には、その事業部からの協力を得るのが難しいという感覚がある。「実行」の設計が、構想のときと大きく異なるのは、そこに人文科学的要素、すなわち「人々の感情」を考慮しての表現があるからだ。

高校の物理の時間に、「摩擦係数」について学んだと思う。物体の重さに摩擦係数をかければ、その物体を動かすのに必要な力がわかる。摩擦のある台の上でモノを動かす場合、すでに動いているときよりも、動かし始めのほうがより大きな力が必要になる。静止しているものを動かし始めるときの摩擦係数が「静止摩擦係数」だ。そし

図5-1　チェンジマネジメント

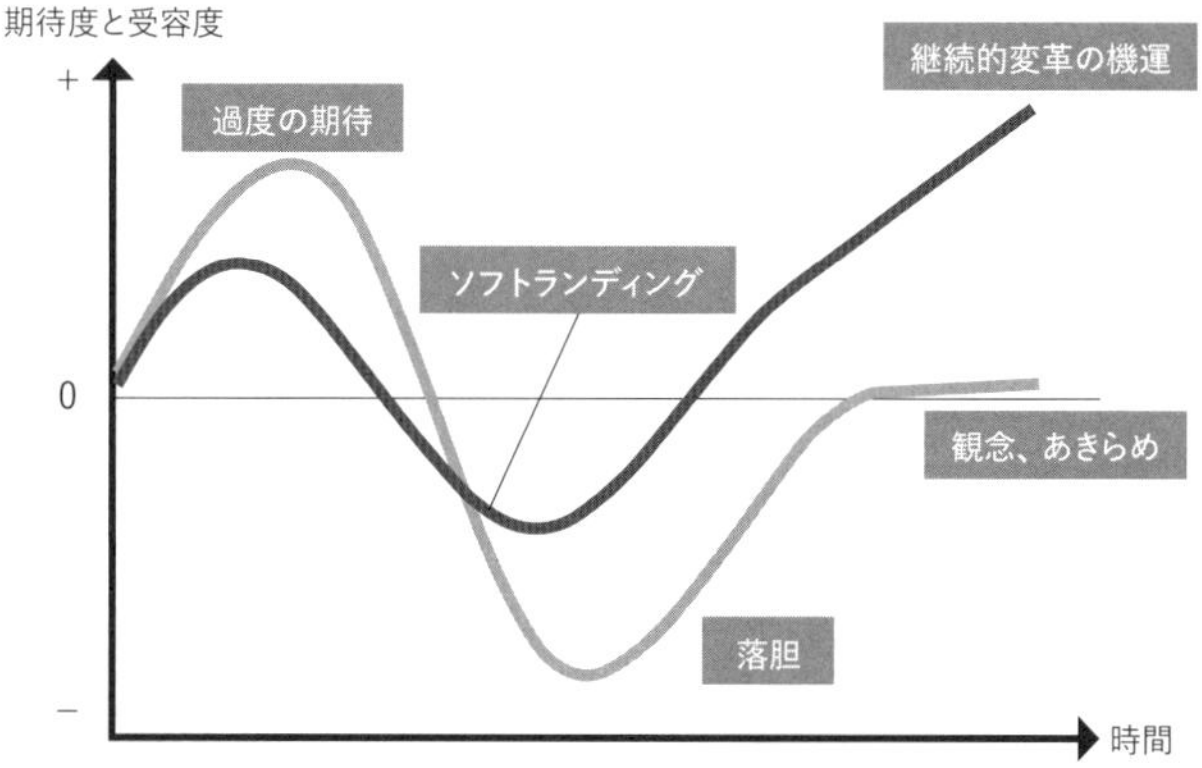

て物体の重さが重いほど、当然のことながら必要な力は大きくなる。

組織の変革も同じようなものだ。変革の大きさが大きいほど、変化への摩擦係数は増える。そして、変革に向けて動き出すときの静止摩擦係数は特に大きい。つまりは、6カ月の間に何かの企てを起こそうとした場合、最初の1カ月、いや1週間がきわめて重要になる。

人々の感情という、いわばアナログ情報を、タスクというデジタル情報に落とさねばならない。どうすればよいのだろうか。

図5-1を見ていただきたい。一般の変革における社員の感情の上下をデフォ

ルメして描いたものだ。まず、何かの変革が行われると知らされる。社員はそれを聞くと、まだよくわからないうちから「給与が上がるかもしれない」とか「ＩＴで大幅な業務処理の自動化がされ、もうこんな作業をしなくても済むかもしれない」と、それぞれに「過度の期待」を抱く。ところが実行が進み、だんだんと事情がわかってくる。最初の期待が大きかった分、すごい勢いで落胆する。そして意気消沈したまま観念したかのごとく、静かに初日を迎える。

たぶん、読者の中でも、当事者としてそんな経験をしたことがある方がいるのではないだろうか。ではそうならないためにはどうすればよいのだろう。

コンサルティング業界では、よくこうしたモチベーション向上のための作業として「チェンジマネジメント」という言葉が使われる。これは、変革ないしは改革のステークホルダーを洗い出し、その人たちの変化に関する期待値をコントロールするものだ。それによって、変革をソフトランディングさせ、さらにはその後も継続的に変革が行われるような気運を醸成することを狙う。言い換えれば、組織の大きな変革に対する静止摩擦係数の低減を狙うことだ。この手法をコンサルタントだけの奥の手にしておくのはもったいない。ぜひ、企画の実行フェーズに加えておきたい。

本書の中で何度か言及したが、私の本職であるコンサルタントという職業は、お客様の企業ではなんの権限ももっていない。したがって、変革を促すためには、適切なコミュニケーションをし、その変化について納得し受け入れてもらうしか方法がない。企画もそういう意味では同じはずだ。自分の権限の及ばないいろいろな組織があって、そういったところに協力を求めなければならない。いつもいうことだが、企画の内容によっては大喜びする人もいれば、大迷惑をこうむる人もいる。それぞれのステークホルダーの立場や感性を分析し、それぞれに対して、正しいコミュニケーションを行うわけだ。

実際には、図5-2のような形（チェンジマネジメント・トライアングル）で、それを定義する。考え方は前章で説明した「マーケティング・トライアングル」に酷似している。違うのは、要素の呼び名だ。マーケティング・トライアングルでターゲットと呼んでいた部分は「オーディエンス」、バリューを「コンテンツ」とする。ビークルについては同じだ。

「オーディエンス」は、この変革における重要なステークホルダーだ。こちらもマーケティング・トライアングルのときと同様、男性社員、女性社員とか、若手、ベテ

図5-2　チェンジマネジメント・トライアングル

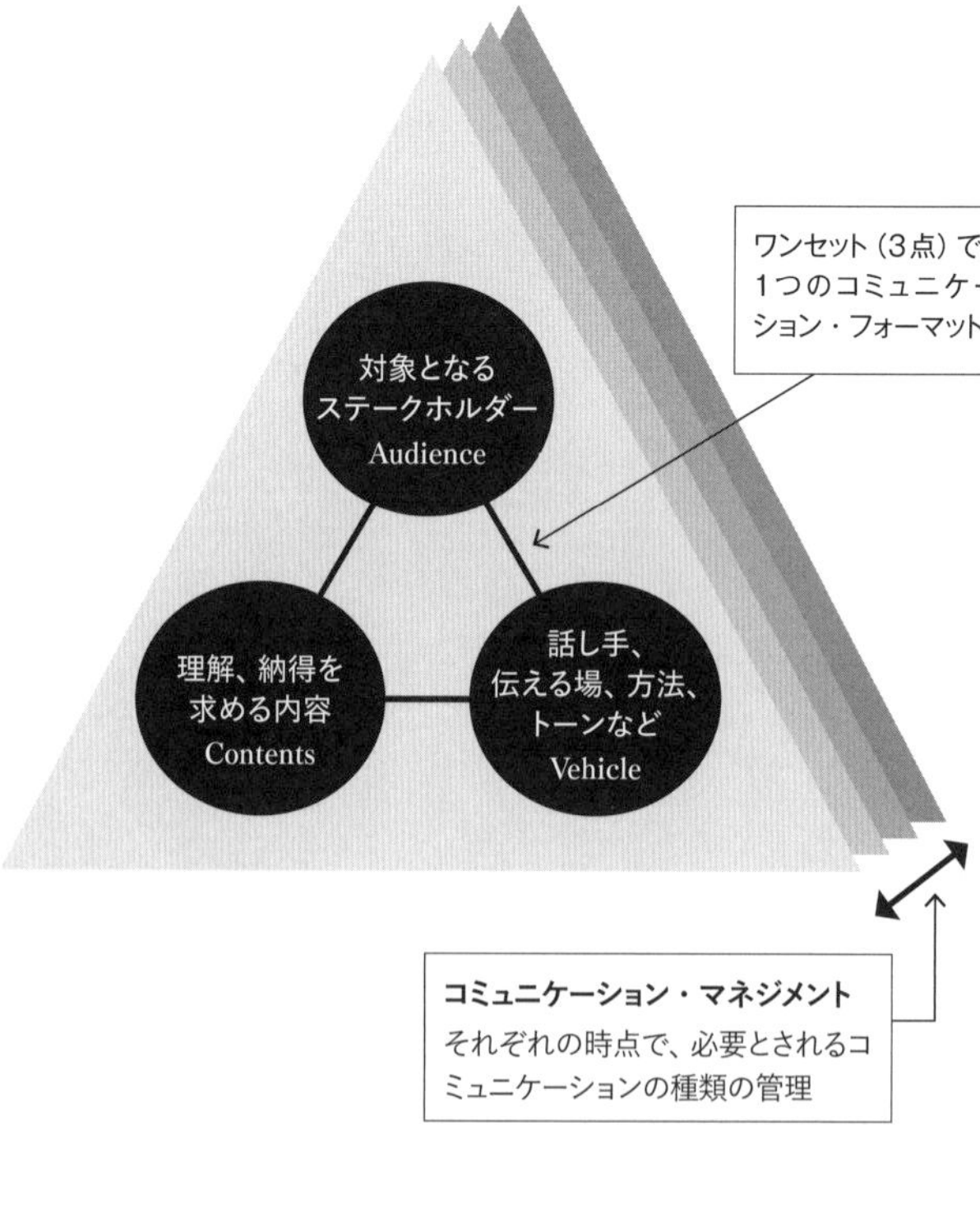

ランとかいったものではなく、その時点でケアしなければならない特別な感情をもっている人を生々しく抽出する。例えば一言で女性社員といっても、お子さんがいる場合とそうでない場合とでその企画の受け止め方が違うかもしれないし、マネジメントといってもその企画が実現されれば、自分の仕事がやりやすくなる人もいれば、迷惑がかかるという人もいる。そういう分類だ。

「コンテンツ」は、文字通り、ステークホルダーに理解してほしい内容のことだ。書式は、相手の感性やあとで述べる「ビークル」の種類によりいろいろだが、要は、知っておいてほしいのか、理解してほしいのか、待っていてほしいのか、助けてほしいのか、といった、いわゆるお願いの中身だ。

そして、最後の**「ビークル」だが、これは「誰が」「どのような媒体」でコンテンツを伝えるか**、ということだ。ここでいう「誰」というのは、オーディエンスに対しての属性となる。そのオーディエンスにとっての上司、友人、先輩、家族、あるいはメディアなどだ。よく重要なことを伝えたいという場合、「(重要だから)一番偉い人から」、企業であれば「経営トップからの一斉メールでアナウンス」となりがちだ。しかし、ここは冷静に考えて本当にそうだろうか。例えば、何かを理解してほしいというのであれば同僚から、また助けてほしいというなら、その人が信頼している人や恩がある人からいわれたほうが効果的ではないだろうか。また、伝える「媒体」についても、普段ならメールや電話、あるいは会議かもしれないが、それにこだわる必要はなく、もっと広く考えてみたい。一対一での対談、電話、メール、会議、勤務時間が終わっての車座での会議、大広間でのアナウンス、家族を呼んでのイベント、テレビなどのメディアを通じてのアナウンスなど、いろいろあり、それぞれに特徴がある。

このビークルの使い方が上手だった人が、阪神タイガースの監督時代の星野仙一氏だ。ちょっと強面の星野氏が、直接、選手を叱ると、選手によっては萎縮してしまう。だから、スポーツ新聞の記者に「あいつは、こうだが、俺はこう思っている」とリークし記事にしてもらう。それを見た、選手の友人なり親戚なりが、本人に連絡し話題になる。こんな感じで、星野氏が伝えたかったことが、ソフトに選手に伝わったという話を何度か耳にしたことがある。

ビークルといえば、ＩＢＭは、全世界の社員を対象とした「ＪＡＭ（ジャム）」と呼ばれるオンライン会議を数年に一度、開催している。目的は、その時々によって異なる。

2003年に行われたJAM、〝バリューズ・ジャム（Values Jam）〟では、「IBMの基本的な価値（IBMer's Value）」と呼ばれる、社員の行動様式が定義された。当時の社長だったサム・パルミサーノは、『ハーバード・ビジネス・レビュー』誌のインタビューでJAMを活用する理由について「高い専門性を有する大人数の社員に向けて、コマンド・アンド・コントロール型のメカニズムを強制することは不可能」と述べている。ついで、2006年に行われた〝イノベーション・ジャム〟では「価値あるイノベーション（Innovation that matters）」というテーマで、社員のみならず、その家族、ビジネスパートナーを巻き込み、4万6000件のアイディアを収集し、72時間で31件に絞り込んだ。

IBMのJAMについては、表向きは、「世界中の多くの知恵を集める」というものだが、その裏には、「社員が経営に関する議論に参加した」という感覚を与えることで、変革への動機づけを行ったと見るべきだろう。企画を実行するための最高の原動力は、「関係者がその企画の策定に関与した」という気持ちを植えつけることかもしれない。

チェンジマネジメントの最大の狙いは、企業のさまざまな組織の賛同者づくりだ。

変革はその規模が大きければ大きいほど関連する組織やステークホルダーの数が多くなり、難しくなる。だが、これをうまくコントロールできれば、逆に、変革への心強い追い風にもなる。

特に、組織の摩擦係数が高い変革の最初のスタート部分に、細心の注意を払いたい。その理由は、「人間関係は、初対面が重要」というのと似ている。企画の実行段階で、「一番最初」にその企画の存在を知るとき、「一番最初」に要望を受け取ったとき、「一番最初」に関係者が集まったとき、といった「一番最初」に、感情面でしくじれば、その悪い気分はかなり長く引きずられる。「他の部署とはいっても、所詮、同じ組織だ。考えることは一緒」などとタカをくくらず、すべての「一番最初」を大事にしていきたい。

組織の底辺には、組織図に示される線では見えない、いろいろな感情が流れている。トップダウン頼みの企画者は、ある意味、うまくいかないことを予想している確信犯にも感じる。組織の中にある変革の見えないレバーはいくつあるのか、それをどう刺激すれば動き始めるのか。企画の策定最中から、このチェンジマネジメントは動き出している。

誤解を恐れずにいえば、社内政治や工作を忌み嫌わず、薩長同盟を結ばせる坂本龍馬のような気分で、陰のフィクサーとして大いにそれを楽しめばいいと思う。

箇条書きは思考整理術

夜中にラブレターを書いてはいけない、と、昔からよくいわれる。

夜の物思いの高揚感も問題なのだが、それに加えて、人間はいったん眠ると、脳が勝手に再整理を行う。つまり、朝の冴えた頭で、深夜の高揚の跡を見ると、それはもう、問題を通り越して狂気の沙汰にも思えるということらしい。同じようなことが、ビジネスの議論でもよく発生する。たいていは夜遅くの会議室、例えばあるべき経営モデルの議論が始まる。誰かが席を立ち、ホワイトボードに何か描き始める。描かれた絵を見て、誰かが意見をいう。図形とそれをつなぐ矢印で、どんどん絵が広がっていく。三人寄れば文殊の知恵。白熱した議論の中、今まで気づかなかった事実、今までに出てこなかった斬新なアイディアが生まれてくる。やがて、それがひとつの形に収束して議論が終わる。ホワイトボード一面に描かれた芸術作品。誰かがスマホのカメラでそれを撮影する。お互いが顔を見合わせながら、この芸術を誰がパワーポイントに清書するかを決める。そして家路につく。

それから数日後のミーティング、きれいに電子化された図が、参加者に配布される。発表者である自分は、それを見て妙な違和感を覚える。何かが違う。たしかにこういうことが描いてあったと思うのだが、不思議にあのときの高揚感がない。そして、まあそれは仕方ないと思いながら、ミーティングの席上、その説明を始める。するとどうだろう。自分たちで考え、それがそこに描かれてあるはずなのに、説明が難しい。たしか、その絵には描き始めがあって、そこが議論のスタートだったはずだ。その順番に説明していけばよい。しかし、それはどこだったか。説明はシドロモドロになる。自分で説明していながら、説明になっていないことに気づく。自分ですらそうなのだから、相手はたまったものではない。あなたもそんな経験がないだろうか。

たいていの場合、説明をきちんと練習しておけばよかったと反省する。だが、実際は違う。問題は説明力でなく理解力にある。皆で絵を描いているときは、情報と発想の洪水と高揚感の中で、腹落ち感覚をたしかに覚えた。だが、これは物事をある種、頭の中のイメージとして抽象化し、立体的に把握しているような状態だ。それを説明するとなれば、イメージを文言に変換するという作業が必要になる。

私はこんなとき、図をいったん隠し、心の中でその図を思い出しつつ、その内容の箇条書き化を始める。「箇条書き」とは何かの説明は不要だと思うが、いわば1行1行が「1文章1メッセージ」として独立している文章の列挙で、「上から下に読んでいけば内容が伝わる」ように整理したものである。箇条書き化は、頭の中にある立体的なイメージを、「メッセージ」と「順番」という観点から編集し直すことになる（図5−3）。

実際に箇条書き化をやってみると、意外に難しい。どこからどこまでの説明を1行の中に含めるかに迷う。なのでお勧めは、いきなり、すらすらと箇条書きで書く前に、「ワンセンテンス、ワンミーニング方式」、つまり「ひとつの文章の中に意味はひとつだけ」というルールで記述することだ。例えば、次の文章をワンセンテンス、ワンミーニング方式で分解してみよう。

「トップセールスが成功要因と呼ばれる法人営業において、当社は他社に比べて」

図5-3　箇条書き化

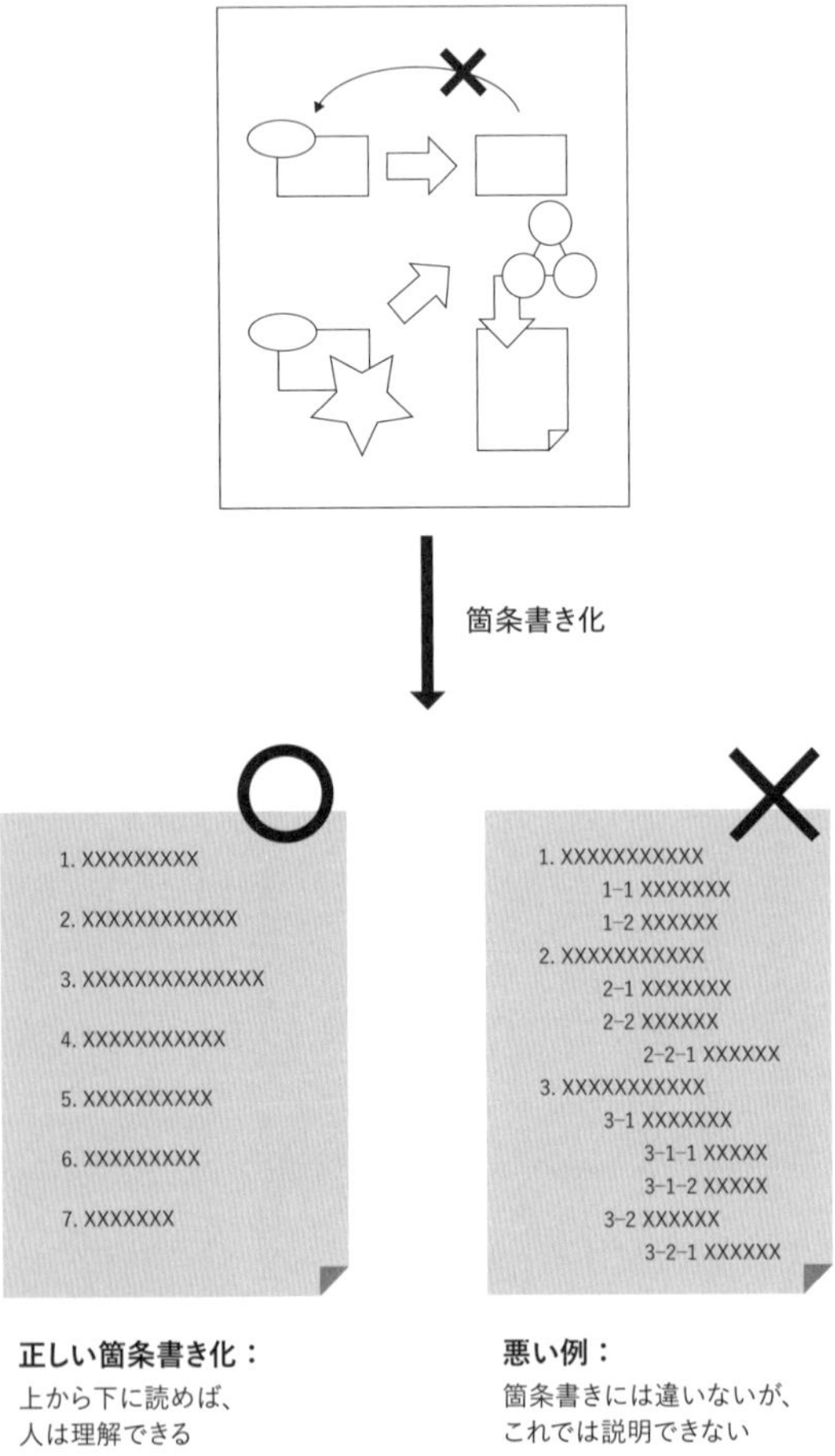
箇条書き化
1. XXXXXXXXX
2. XXXXXXXXXXXX
3. XXXXXXXXXXXXXX
4. XXXXXXXXXXX
5. XXXXXXXXXX
6. XXXXXXXXX
7. XXXXXXX
1. XXXXXXXXXXX
1-1 XXXXXXX
1-2 XXXXXX
2. XXXXXXXXXXX
2-1 XXXXXXX
2-2 XXXXXX
2-2-1 XXXXXX
3. XXXXXXXXXXX
3-1 XXXXXXX
3-1-1 XXXXX
3-1-2 XXXXX
3-2 XXXXXX
3-2-1 XXXXXX
正しい箇条書き化：
上から下に読めば、
人は理解できる
悪い例：
箇条書きには違いないが、
これでは説明できない

「経営陣のセールスへの意識が高く、アドバンテージをもっている。」

こうした文言があったとしよう。これは次の3つの意味をもっている。

「法人営業の成功要因はトップセールスの実施だ」

「当社は他社と比べてこの部分でアドバンテージがある」

「その理由は、他社に比べ当社の経営陣はセールスへの意識が高いからだ」

最終的には、いくつかを組み合わせてひとつの文章にするわけだが、ここの作業に「思考の整理」の意味がある。つまり、「意味」を最小単位にパーツ化しておいて、そのどれとどれを組み合わせて、どういうメッセージをつくるか。さらには、そのメッセージをいろいろと並べ替えて、一番、説明としてスムーズな方法を模索する。

あともうひとつ重要な注意点がある。箇条書き化をせよといわれると、それぞれの項目について、それを説明する中項目、さらに中項目を説明する小項目、といった感じで、インデント化を行う人がいる。これは、膨大な情報を単に箇条書きの形態に置き直しているというだけだ。そこには、情報の中で本当に必要なものが何かを判別する機会はなく、メッセージを磨き上げるという機会もない。箇条書きの体裁をとっているが、まったく箇条書き化の効用がない。

本質を明らかにしたければ、補足説明を加えていく（足し算）よりも、不要なものを抜いていく（引き算）ほうが効果的だといわれる。箇条書き化の作業は、さまざまな情報から必要なものだけを抽出していく行為であり、その行数が少なければ少ないほどよい。これは、大量の情報を見て、ストーリーに直接関係ないものは抽出しない、つまりは不要なものを抜くという「引き算」を自然に行っていることになる。

また、「最高の理解術は、学ぼうとすることを人に教えてみることだ」といわれたりするが、絵として描かれたものを箇条書きに転換する行為は、まさにそれをひとりでシミュレーションすることに他ならない。

その昔、パワーポイントが出たての頃は、影つきの立体的な図形と凝ったアニメーションを活用したプレゼンテーションが一世を風靡した。しかし、近年では、スティーブ・ジョブズのプレゼンテーション技法が主流になってきており。資料はシンプルで、話に重点を置いたものに変わってきている。

私はその変化を、目に見える事象を頭の中にあるイメージに抽象化する行為から、脳にあるイメージをメッセージとそれらの展開に直す行為、すなわち箇条書き化に移ってきたのと同じだと捉えている。

「調べ事」「考え事」「決め事」に分類せよ

実行シナリオをつくるにあたって、その全貌がなんとなく見えており、タスクをうまくつなげていけば成功できそうだ、という場合は楽だ。だが、それがはじめての試みであれば、前途はわからないことだらけだ。作業計画をつくらねばならないから、わからない部分をよく考えて、わかるようにしなければならないわけだが、やってみなければわからないことを、やってみる前からわかろうとするのは無理だ。

「どうしたらよいかがわからなくて、作業を定義できない」

こんな状況で、私がよくやる方法は、その「わからない」を、「調べ事」なのか、「考え事」なのか、「決め事」なのかに分類してみるということだ。そうすれば作業になる。

それぞれを簡単に説明しよう。

「調べ事」というのは、「元々どこかに正解があって、調べればそれがわかる」というものだ。だから調べる工数や情報ソースを確保して調べてみれば、「わからない」は消える。作業計画として必要なアクションは、「調査のための予算確保」「情報ソースの確保」「調査プロジェクトの始動」といったものになる。

次に、**「考え事」とは、「誰もやったことのない未知のものや、どこを探してみたところで、そもそも答えなど存在しない」**ものだ。世の中に答えがないなら、とにかくは仮説を考えてみるしかない。ここでのアクションは、「そのテーマを議論するのにふさわしい知識人、知恵者を確保する」「ディスカッションの日程をスケジューリングする」「実際に集まって考えてみる」「落としどころをまとめる」といったものになろう。もちろん、考えたアイディアが正解とは限らない。だが間違っていたらあとで修正すればよいだけのことだ。まずはどんなものでもよいから、**何か仮説がなければ始まらない。**

さらに**「決め事」は、「いくつかのアイディアがあって、どれをとっても一長一短がある」**というものだ。これはつまり、どれかに決めればよいというだけの話だ。どう決めるかというよりも、**「誰が決めるか」が大事**であり、それはその責任を負う人間、ということになる。つまりは、「誰が決めるべきものかを判断」し、「その人とのミーティングをセット」し、「意思決定を促す」といったことになる。

次のような例で考えてみよう。

「米国で鉄道を使って1時間でものを運ばなくてはならないのに、その作業が進まないとき、どうすればいいのだろうか。」

「列車の時刻がわからない」から作業が進まないのなら、「調べ事」だ。時刻表を調べればいい。あるいは「米国の鉄道で荷物を運ぶにはどういう手続きが必要なのかわからない」のなら、どの役所が担当していて、どこに問い合わせればよいのか、調べることになるだろう。「列車では1時間で運べない」から作業が進まないのであれば、これは答えのない「考え事」だ。鉄道の代替手段はないだろうか、ものを運ばずに済ませる手段はないだろうか、と考えることができる。あるいは鉄道に精通している人間を集めて、さまざまなルートの時刻表を検討して、鉄道でなんとか時間内に運ぶ方法がないのかと考えることもできる。鉄道で運べることはわかっているけれども、

「精密機械なので壊れないかと躊躇している」「でも予算と時間の制約で届けるならこの便しかない」という状況なら「決め事」だ。壊れることを覚悟で運ぶのか、やめるのか。その責任をもつ人に決めてもらえばよいだろう。

「決め事」でやっかいなのは、決めなければならない人間が、リスクを恐れてノラリクラリと意思決定から逃げることだ。

そしてたいていの場合、「これじゃ決められないから、（誰でもジャッジできるように）もっと調べてこい」というような議論にされてしまう。誰にでもジャッジできるなら責任者の意思決定は不要だ。もっといえばその責任者そのものが不要だ。決め事にはリスクがつきものだ。組織で上になればなるほど、確率論でいうところのリスク期待値が高くなる。だからこそ上になるほどリスク補てん分として報酬が高くなるわけだ。ただ、責任者に面と向かって、さすがにそれはいえない。したがって、「スケジュールを提示し、それをいつまでに決めなければ、どういう悪いインパクトが生じるか」を明らかにし、その責任者のアクションの必要性を強調し、逃がさないようにしなければならない。

個人的には、こうしたことを行う場は、多くの人が出席するようなミーティングを選ぶ。皆の前で、正しいことを説明すれば、周りはその責任者に正しい意思決定を、正しいタイミングで行うよう「暗黙の後押し」をしてくれるからだ。

八方塞がりという状況は簡単にくるものではない。「わからない」という状況は調べるのか、考えるのか、決めるのか、それを考え、作業を計画すればよいだけのことだ。前に進もう。

「する-なる」表で、実行に確信をもとう

これは、ある企業の新規事業案件で偶然見つけた「実行計画の品質」を確認するコツだ。それは、自社とは別の業界のある企業に提携先になってもらい、その会社の生産設備を使って自社設計の製品をつくろうという企てだった。論理的にはつくれるのだが、本当につくれるのか。それを検証してみようということになった。

現場で最初につくられた手順書は、苦心の跡がにじみ出ていた。とりあえずの手順があって、それに対して「〇〇を行う。このときに××を考慮するのが重要」とか

「△△を行うために□□が必要」という注記があちこちにある。これでは、手順でなく問題点リストだ。さすがにこれはダメだということになり、きっちりと生産プロセスをフローにしてまとめてみようということになった。時間とともにどのような作業が誰のところで行われ、どうやって最終製品になるのかを、業務プロセス風にまとめてみた。

一応、まとまるにはまとまるのだが、どこか心もとない。よくよくその理由を考えてみると、作業と作業のつながり部分に矢印が書かれているが、具体的にこの矢印の処理の内容を考えると、よくわかっていないということになった。

まだ具体的になっていない部分はどこかがわかれば、それを考えればいい。ただわかっていないところを探すのは大変だ。そこで、ものすごく原始的な方法として、「する」と「なる」という文章だけで、作業の手順を箇条書き化してみようということになった（図5−4）。

材料の仕入れから製造までを誰もが行動に移せるように、「する」と「なる」がワンセットの文章をコンピュータの画面に映しながら、それらを箇条書き風に並べていく。普通の箇条書きと違うルールは、2つの文章ひとつでワンセットということだ。

図5-4　「する–なる」表

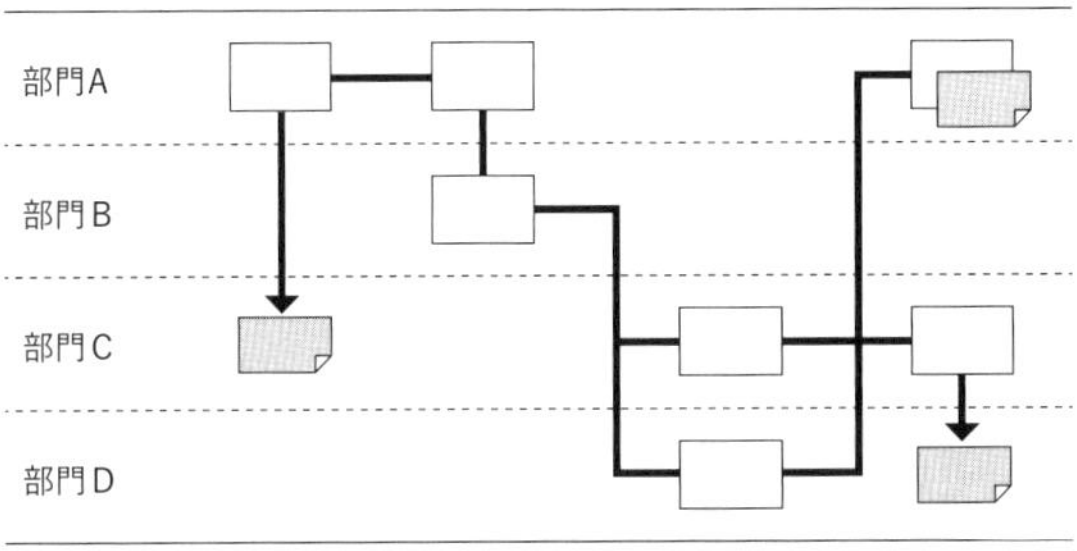

わかったようで、わからない
作業のヌケ・モレを発見するのが難しい

1. ◯◯をする。(これにより)△△がXXになる
2. ◯◯をする。(これにより)△△がXXになる
3. ◯◯をする。(これにより)△△がXXになる
4. ◯◯をする。(これにより)△△がXXになる
5. ◯◯をする。(これにより)△△がXXになる
6. ◯◯をする。(これにより)△△がXXになる
7. ◯◯をする。(これにより)△△がXXになる
8. ◯◯をする。(これにより)△△がXXになる
9. ◯◯をする。(これにより)△△がXXになる
10. ◯◯をする。(これにより)△△がXXになる
11. ◯◯をする。(これにより)△△がXXになる
12. ◯◯をする。(これにより)△△がXXになる
13. ◯◯をする。(これにより)△△がXXになる

「する」、「なる」が、アクティビティ（作業）に結びつかない
ものを探し、さらに「する」、「なる」で細分化していく

まず「○○をする」と書き、次に「(これにより)△△が××になる」と書く。そして上から下にそれを延々と読んでいけば、狙っていたものが実現する、というようにする。このときは、「する」から「なる」までの時間軸は無視する。とにかくは手順の中での抜け漏れを確認するわけだ。

例えば、「材料一式を、○○電子に注文する。材料一式が、調達部門の××倉庫に到着する」「到着した材料の検品を行う。不足がなければ入荷処理を行う」……という感じだ。

ただ、このままでは、まだまだ「誰もができる」レベルにはならない。まず「材料一式」の「一式」がなんだかわからない。発注者が、そのための材料の種類とそれらの発注量をどうやって知るのか。議論が始まる。

そこで気づく、「現時点では、生産管理システムから発注量をそのまま提示するようになっていない」。将来は、ＩＴ化により発注量をシステムで検索できるようにしたり、もっといえば、発注の自動化を図ったりすることになるだろう。でも、今の時点では、その時間も予算もない。今いる人間でどうやればよいか。また議論になる。

議論の末、新たな「する」と「なる」の塊がいくつか追加される。

疑問はまだまだ出てくる。「不足がなければ入荷処理」とあるが、入荷処理は、何を「する」ことにより、それがどう「なる」ことを示すものなのか。「不足がなければ」とあるが、不足がないかどうかは何をすることによってどう確認できるのか。さらなる細分化が進む。

結局のところ、その処理は、数百行の箇条書きになったわけだが、関係者にどっしりと腹落ちし、実行に自信がもてた。

先に述べた箇条書き化の話に似ているが、人は美しい図表を書くと、それが実現できると勘違いしてしまいやすい。それを防ぐためのコツとして、さすがにこの「する－なる」表は手法と呼べるほど洗練されたものではないが、皆で議論をしながら作業計画をつくるには、きわめてパワフルだ。私は、それからというもの、何かの企画をつくるたび、この原始的な方法で「実行」の確度を確かめるようにしている。

組織設計は「指示」「相談」「具申」の3つを押さえよ

組織設計は、いわば実行力の設計の「華」ともいえる。

組織の設計は「その戦略の実行能力を決める最重要要素のひとつ」だと思う。たとえば上司から「その戦略をどうやって実現するんだ?」と聞かれれば「こういう体制で」と組織の話をしがちである。ただその一方、「組織図を描けば実行の部分はそれでよし」みたいな風潮があるのは歪めない。

さらには、実際に組織図を描こうとすると「誰を入れよう」「この人が入るなら、この人も」みたいな感じで、いわば「メンバーリスト」づくりに終始してしまう場合が多い。そこで終われば「烏合の衆」となるために、責任と権限を設計することになる。

特に、組織図が企画の実行力を担保するために重要なことは「責任」の設計になる。よく組織図を書こうとするとついつい責任の前に「権限」みたいなものを議論しがちだが、これが本末転倒であることはすぐおわかりいただけるものと思う。「責任」を追わねばならないから「権限」が必要とされるわけである。

さて、ここで問題は責任をどう果たすかというだ。「何か失敗したら責任者が責任をとる」ではどうしても「責任をとらない方向」つまりは「思い切った意思決定をしない方向」になりがちだと思う。

もちろん、戦略を策定した際の「前提」が、その実行過程においてもそのままであり続けるなら組織図はメンバーリストでも問題ないかもしれない。しかし、実際には想定外の連続で、戦略が尖っていればいるほどいろいろな事件が起きる。

ここで、「たしかに戦略そのものの実行方法はこう決めたが、こういう状況になったのだから、ここはこう変えていこう」という動きがチームとして欲しい。

そんなときのコツは組織設計において、「指示」「相談」「具申」の３つを押さえることだと思う。

企画の実行を指揮するプロジェクトリーダーには、臨時の権限は一応付与されるが、現業を置いて集まってきたとはいえ、ある期間が過ぎれば元の組織に戻る人たちにとって、その「臨時のリーダー」の指示に従うのは、正直いってそれほど重要とは思えないかもしれない。さまざまなスキルと経験をもった「腕自慢」たちの集まりを烏合の衆とせず、チームとしてコントロールするにはどうすればよいのだろうか。その鍵を握るのが「組織図の設計」だ。

仮に私が、企画の実行に関して一点だけレビューしてくれ、といわれたらどこを見るか。迷わず、プロジェクト組織図を見る。つまり、何か問題が起きた場合、それをコントロールすることができるようになっているかが重要なのだ。それが機能するかどうか、通常、私がチェックするポイントをご紹介しよう。

企画の実行のプロジェクトは、ほとんどの場合、組織横断的に行われる。いろいろな組織から人が出てくる。それぞれの組織には思惑がある。もちろん、総論は自社全体の最適化を尊重する。が、各論になると自組織有利の方向に無意識に動いてしまう。

プロジェクトのリーダーがそのあたりをコントロールすることになっているが、プロジェクトリーダーは各組織に直接的な権限をもたない。そのような状況で、どうやって個別最適化をやめさせ、全体最適化に向かわせるのか。それを保証するのがプロジェクト組織図だ。読者の皆さんの多くは、「プロジェクトの組織図くらい描ける」と思っているかもしれない。私もかつてはそのひとりだった。

例えばこれから参画するプロジェクトの組織図が送られてきたとしよう（図5－5）。

図5-5　典型的なプロジェクト組織図

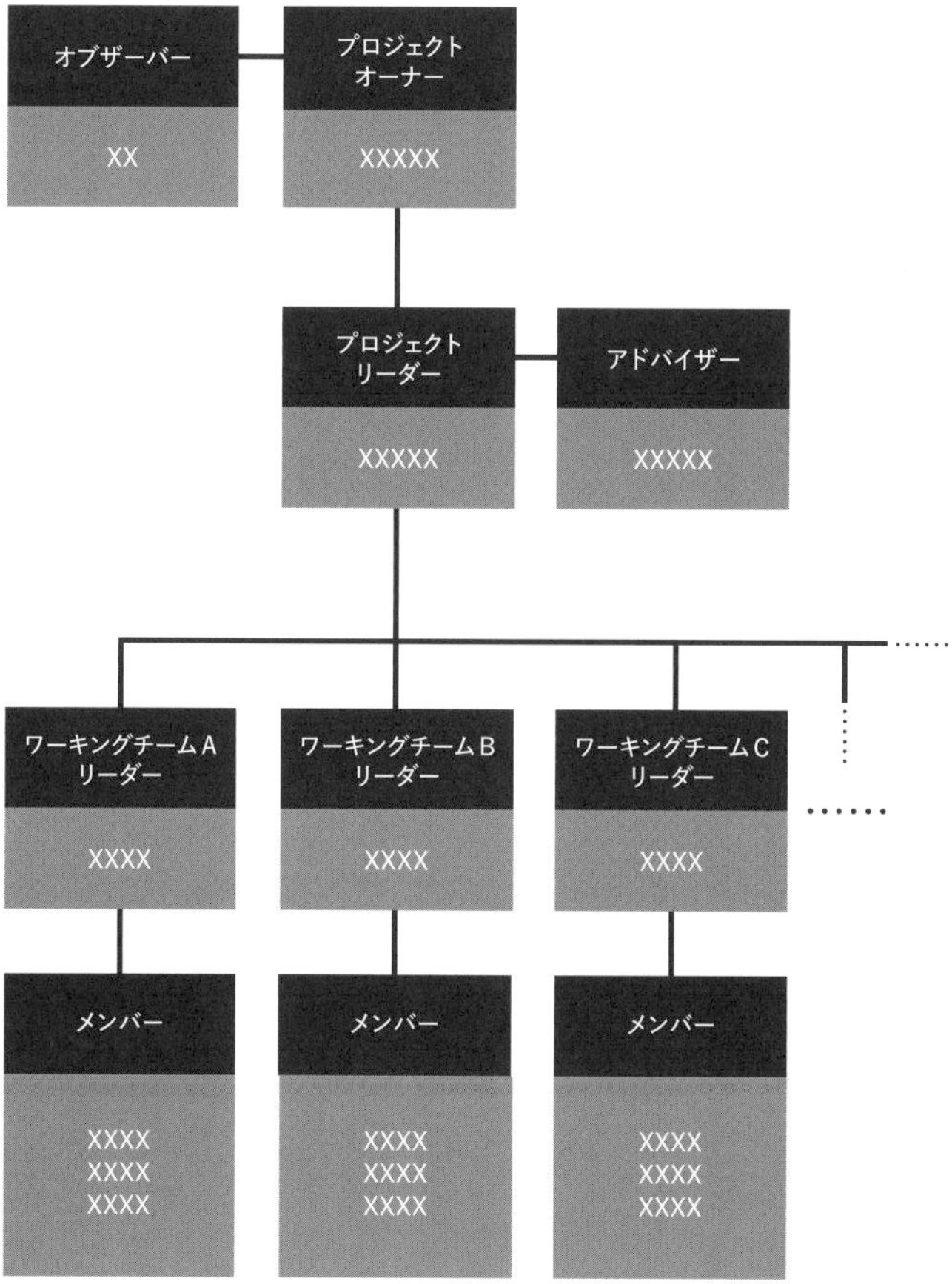

お決まりの形で、箱が並び、それぞれが線で結ばれている。各箱には名前と役職が書いてある。

一番上にいる人がこのプロジェクトのオーナー（責任者）で、プロジェクトの方向性に関する意思決定や会社の経営陣との調整などを行う。プロジェクトのオーナーは、プロジェクトの遂行に関するすべての作業をひとりでこなすことはできない。したがって、その傘下のプロジェクトリーダーに権限を委譲する。プロジェクトリーダーの傘下にワーキングチームが配備され、そのチームリーダーが任命され、さらにはその傘下にワーキングメンバーがアサインされる。

さて、このような組織図が読者の皆様のお手元に届いたとき、どこに興味がわくだろうか。おそらく、プロジェクトリーダーは誰で、オーナーは誰で、といった感じに、どんなメンバーが参画することになったのかとか、どういう役割を任せられたのだろうということを見ていかれるのではないだろうか。それでは、単なる「参加者リスト」を見ているのと同じだ。組織図にする必要はどこにもない。

組織図とリストの違いは何か、一目瞭然ではあるが、それぞれのメンバーが「線」で結ばれているか否かだ。縦方向の流れを通常「ライン」と呼び、ビジネスを進める機能を示す。それぞれの箱と箱との間の縦線は「レポーティングライン」と呼ばれ、これは、「権限の行使ができる関係か否か」を示すものだ。横軸は、「スタッフ」系統で、いうなればラインに対し、アドバイスをする役目を担う。この辺は、組織に所属される方なら、よくご存じのはずだ。問題は、その細かいルールである。

説明のために、組織図の要所をデフォルメして考えてみよう（図5-6）。A、B、Cといったものは、組織もしくは個人を指している。ここでは個人ということで説明していきたい。この組織図の場合、一番上にいるAは、いわゆる「一番偉い人（権力者）」となる。AとBは縦に線がつながっている。これは「指示権」をもっているということだ。AがBに普通に指示すれば、それは実行される。Bからすれば、Aにいわれたことは実行しなければならない。そして、BはCとDの両方につながっている。つまり、Bは、C、Dの片方、もしくは両方に対して指示をし、何かをやらせる権限をもつ。まあ、ここまでは自明だろう。

次にEだ。これは縦につながる線は何もない。Bの横から線でつながっている。一般的にスタッフ機能と呼ばれるものだ。このEのもつ権限とはなんだろうか。Eはライン（縦軸）にはいないし、線もつながっていないので、組織図では上部の位置にい

図5-6　組織の動き方

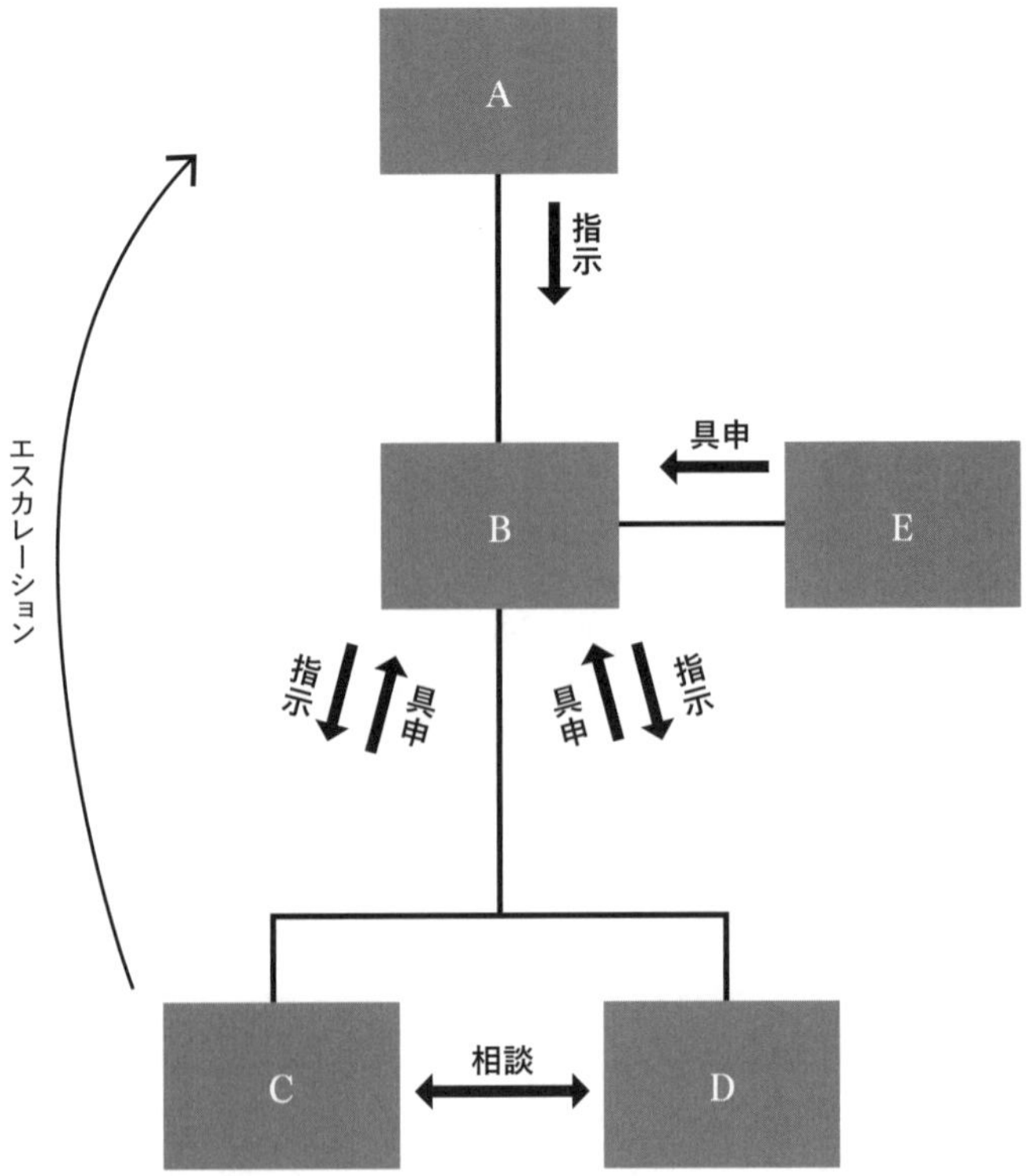

ても、CやDに指示ができない。もし、何かの脅威や機会を発見し、CないしはDに何か手を打たせたいと思った場合には、C、Dに指示権をもち、自分と直接、線でつながっているBに「こういうことを発見した」とか「ここはこうすると、こんな効果がありそうだ」と「アドバイス（具申）」する。もしBが、Eからの具申内容について、その通りだと思えば、自らの権限でCやDに指示をすることになる。Eはライン上にいる人に比べて、客観的になりやすい。

では、CとDの関係はどうだろうか。両者は直接線で結ばれてはいない。したがって、双方とも相手に指示はできない。できるとすれば「相談」ということになる。これは、何かを相手側にお願いするのは自由だが、頼まれたほうは断る権利があるというものだ。

例えば、これが業務改革プロジェクトで、組織Cが業務設計チーム、組織DがITチームだとしよう。

業務の自動化を希望する業務設計チーム（C）が、IT部門（D）に対し、初期の計画では手作業でやるといっていたいくつかの業務のうち、ひとつだけを顧客への迅速な対応のため例外的に自動化してほしいと相談したとしよう。

一方のＩＴ部門（Ｄ）にはＩＴ化のための予算があり、計画にないその自動化はかなりのコスト高になるので迷惑だ。いくら顧客のためと理にかなっていても、それを拒否することができる。それでも業務設計チーム（Ｃ）が、どうしても自動化にこだわるのであれば、両方の上位にいるプロジェクトリーダー（Ｂ）に具申をすることになる。

プロジェクトリーダー（Ｂ）は、双方から話を聞き、この場合であるなら「顧客対応かコストかのジレンマ」の中で意思決定をする。プロジェクトリーダーが、もし顧客対応を優先するとするならば、ＩＴ部門（Ｄ）に例外を認めるよう指示する。

ところで、どうせ同じラインにいるわけだから結果は同じだとして、プロジェクトオーナー（Ａ）が直接Ｃに指示を出してしまうことは可能だろうか。

組織図のルールを厳格に当てはめれば、答えはＮＯだ。Ａにとって Ｃは、自分の指揮下にあるＢの下にいる。すなわちＣとは線はつながっていない。ゆえに、ＡはＣに直接指示はできないことになる。

ただ、実際の企業の組織図では、このあたりの原則が時々あいまいで、役員が、部長を飛び越えて課長に指示を出してしまうという場合がある。だが、厳密に組織図の内容を適用すれば、同じライン上にいても、役員が部長を飛び越えその部下に指示するのはご法度だ。現実の世界では、（役員から指示を受け）その場ではハイと返事をした課長が、部長のところに行き「実は……」と、役員から指示を受けてしまったのだが、部長から見てそれをやってよいかと相談にいくケースが見受けられる。この辺は人間模様だ。

同様に、その前に見ていただいた典型的なプロジェクト組織図（図5－5）の中に、「オブザーバー」というボックスがあった。これは、このプロジェクトにより影響を受けるであろう組織の人たちに見学席を設けているようなものだ。線が横にあるのでプロジェクトへの直接指示権はない。ただ、何か希望があれば、オーナーに対して具申をすることができる。どうしても聞き入れられない場合には、このプロジェクトの組織図とは違う、その企業の組織図の指示命令系統から影響を与えるしかない。

しかし、実際には、「当社のプロジェクトでは、毎回、オブザーバーからの指示が煩くて」などと、ルール無視の例を頻繁に聞く。

さらに、ちょっと応用問題になるが、どうしてもIT部門（D）が例外を承諾できないようであればどうするのだろうか。そうなったときの権利として「エスカレーション」なるものがある。これは、日本企業では滅多にお目にかかるものではないが、プロジェクトリーダー（B）の上位にあたるプロジェクトオーナー（A）に「直訴」を行い、再検討を求めるというものだ。

どうしても我々日本人からすると「言いつけ口（告げ口）」のように感じてしまいがちで、「その後が怖い」という理由で躊躇することが多いだろう。だが、実際に行ってみると、「ボスを飛ばして、その上のボスに来た」ということは、「その上のボス」という人間は、自分の器を試されている状態になる。せっかく勇気を出してご注進に来た、ある意味、正義感あるいはやる気のある人間の望みをなるべくかなえたいという考え方と、その一方で、飛ばされてしまった上司の面子を守りたいという両方の気持ちに揺れる。逆にいえば、真剣にその問題に対峙するということになる。それはそれでよいことだ。

グローバル企業では、エスカレーションは、権利というよりも、義務のように奨励されている。そういう意味では、日本企業とは比較にならないほど、コンセンサス重視だともいえる。

とはいえ、企業となれば軍隊のように指揮命令系統一本やりでもないのは、皆様もご承知の通りだ。これについて、私は自浄作用が機能しているからだと考えることにしている。それぞれに定められた責任者の素養が必ずしも適任でなかったり、逆に、責任者には指名されていないのに誰もが一目置く人がいたり、あるいは、競争に勝つためにスピードが必要だったり、あるいはリスクが高いのでより広い意見が必要だったりと、ある意味正当なさまざまな理由がそこにはある。

いずれにせよ、組織の中にいろいろな感情があり、コンプライアンスを守りながらも最適化が実行されているわけだ。企業は永久運動体だ。そういった意味では、こうした揺らぎが最適化をもたらしていることも多い。**正しく設計された組織には、自浄作用やリーダー製造機のような機能が組み込まれている。**

ただし、企画の実行局面というと、ちょっとだけ話が異なる。その組織は永久運動体でなく期限があるからだ。期限内に求められる効果を創出しなければならないとなれば、この「組織図のルール」こそが、品質を担保するものとなる。

よく起こりがちなことは、プロジェクトの組織とその役割や権限、責任などを丹念に説明し出すと、少々せっかちな人が、「そんな組織云々でなく、問題は実行だ」と、いかにもそれっぽい話で、この議論を飛ばそうとする場合がある。外野といっては失礼なのだが、責任者でない人から見れば、ルールは甘ければ甘いほど自由が利く。そして、権限は欲しいものの責任はあいまいなままのほうが好都合だ。しかし、絶対にそれにのってはならないと思う。企業の組織の中で、権限をもたない自分が、それぞれに思惑のある他部門の人たちを動かしていくわけだ。ゲームのルールと審判がいなければ、試合にならない。

したがって、企画者には、組織設計の際、単純に組織図を関係者に提示するだけでなく、「自明なこととは思いますが……」と一言断りを入れながら、組織運営のルールを関係者に確認する補足作業を必ず実施してほしいと思う。

私の経験では、多少議論が退屈になりがちだが、この辺を嫌味なく、そして正しく説明できれば、関係者全員が「なるほど」と理解してくれて、「それならば、ここは○○さんのほうが適任ではないだろうか」とか「ここは○○のような機能をスタッフとして配置していたほうがいい」といった、前向きの議論が生まれる。組織には誰でも興味があるが、組織がどういう仕組みで動くかを厳密に理解する人は意外に少ない。

プロジェクトの組織図を正しくつくる、
その意味を周知徹底させるということは、
万能の権限を与えられない企画者が
各組織から集められた人たちを、
効率的かつ効果的に動かすための唯一の方法

だといっても過言ではない。

余談になるが、我々日本人は「日本企業は（外資系に比べて）意思決定が遅い」と、時に自虐的になる。だが、問題がもしあるとすれば、それは日本人という民族の特性ではなく、日本企業の仕組み、もっといえばマネジメントプロセスへの相対的な関心の低さにあるような気がしてならない。日本人は、改善活動により、世界有数のオペレーションプロセスを構築している。同じだけの情熱をマネジメントプロセスに費やし、世界のそれこそベストプラクティスと呼ばれる最先端のモデルを研究すれば、組織としての意思決定力、組織による問題解決力が飛躍的に向上するのではないかと思っている。

「責任」を設計せよ

ついでながら、ここで、組織設計のコツをもうひとつお伝えしておこう。

「組織を設計するために一番初めに考えることは何か?」。こう質問されても、どう答えてよいか難しいかもしれない。オーナー、リーダーのような組織図の上のほうから役割を決めていく人もいれば、営業部門の○○課長とか、物流部門の○○さんといった、プロジェクトの推進に力を貸してくれたり、あるいは巻き込みに失敗すると後々プロジェクト推進の大きな障壁になったりしてしまう人の顔を思い浮かべていく、という人もいるだろう。

私の場合、まず考えることは責任と権限だ。

では、2つのうち、どちらが先に書かれるのか。よくありがちなのが、予算承認権をもつ人とか、ある組織への指示権とか、「権限」から決めてしまうパターンだ。権限が先にくると、権限ばかりが多くなり余計な政治が増える。だから、これは間違いだ。つまり、**まず必要なのは「責任」の設計だ**。プロジェクトの中で選択の瞬間が発生し、一長一短のジレンマのある中、それをどちらかに意思決定する、すなわち責任をとる役割が何種類必要かということだ。投資の判断、品質の判断、販売方法の判断、等々、ジレンマの起こり得るポイントを抽出しその責任内容を定める。そして、その**責任を果たすために、「もし必要であれば」権限を与える**というものだ。

企画の実行のために組織を設計していて、そこに組み込まれそうな人たちは、往々にして「もし、こういう権限を与えられるならやってもいい」という。まあ、責任はほどほどで強力な権限があれば、それは安心だ。気持ちは十分にわかる。ただ、そうはいかない。「権限を与えてもいいが、そのためには、あなたが負う責任はこういうもので、こういったジレンマの中で意思決定をしてもらうことになる」とコミュニケーションしておきたい。

「組織横断で」という言葉も、格別に甘美な響きをもつ。

だが、違う組織の人間たちが集まれば、なかなか思うようにいかない。それぞれが、個人や自組織にとっての最適化を最優先に考え、水面下で利権争いをしてしまうのはよくあることだ。組織横断という名の無法地帯をつくるのでなく、その企画の実行に参加した誰もが、全社の最適化を一番に考えるようにするためにはどうすればよいか。やはり、責任者としてのリーダーが、全社の最適化という観点をもち、しっかりとリーダーシップを発揮することだろう。

その成功の鍵は、その企画の中で発生し得る重大なジレンマを正しく認識し、そこの判断に必要とされる「責任」を正しく定義し、確実に組織に埋め込む他に道はないと思う。組織を正しく動かすための組織図、その最大のポイントは「責任の設計」となる。

"Do things right"と"Do the right things"を区別せよ

「日本企業は意思決定が遅く、欧米企業は意思決定が速い」。その理由が民族の優劣でなく仕組み、もっといえば組織とマネジメントプロセスの成熟度にあるのではないか、という自説は前に述べた。

プロジェクト型組織の意思決定を速くする正しい仕組みとは何か。私はステアリングコミッティの運営だと思う。一般的に、ステアリングコミッティと聞くと、プロジェクト組織図の上のほうの「偉い人たち」とプロジェクトリーダーとの定期的な報告会を連想する人が多いだろう。通称、「ステコミ」といわれたりもするが、どこか軽薄な響きが漂う。意思決定機関には権威が必要だ。略してステコミでは困る。

実は、このステアリングコミッティこそが、意思決定の迅速さ、すなわち、プロジェクトの効率向上の最大の鍵だ。この設計が甘いと、単なるセレモニー、すなわちステコミならぬ「捨て込み」になってしまう。

ステアリングコミッティの形態はいろいろ考えられるのだろうが、図5-7にあるように、オーナー、プロジェクトリーダー、アドバイザー、オブザーバーでのグループ編成が一般的だ。ステアリングコミッティが機能するかどうかは、実はステアリングコミッティそのものの設計ではなく、プロジェクトにおけるステアリングコミッティと、その下にあるグループとの上下の役割分担の設計に依存している。

図5-7　プロジェクトの運営

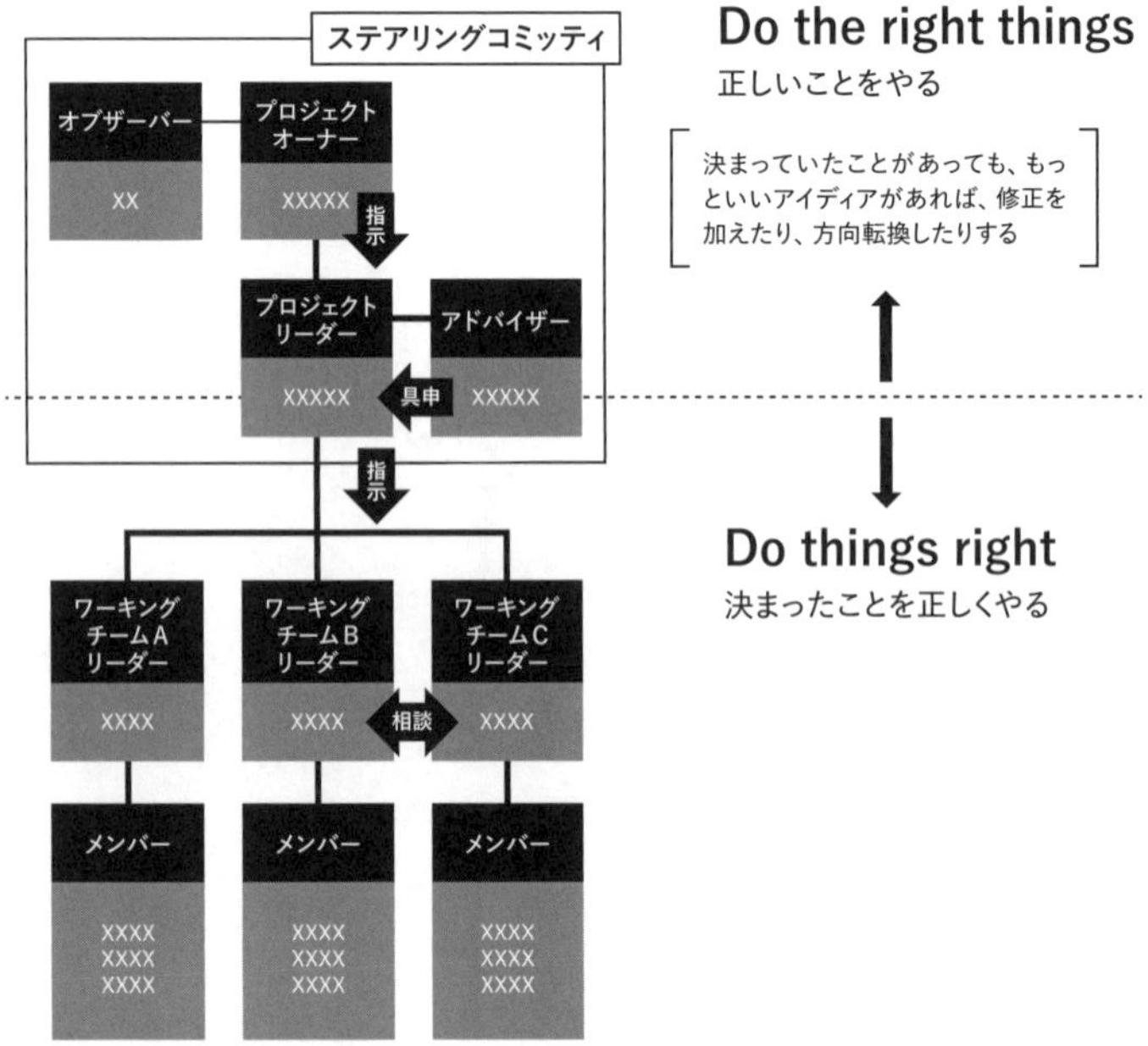

ちょっと言葉遊びに感じるかもしれないが、私はその違いを、“Do the right things”と“Do things right”としている。**ステアリングコミッティが“Do the right things”を担当し、下の組織が“Do things right”を担当する。**

“Do things right”は「決まったことを正しくやる」ということだ。つまり、プロジェクトリーダー以下、ワーキングチームは、「最初にやると決められたことを確実に実行すること」がミッションだ。

一方、**“Do the right things”**のほうのミッションは、プロジェクトの実行局面ではじめてわかった事実や、想定外の機会や脅威の中で、**そもそもやろうとしていたことや方法とは違うが、新しい考え方のほうがよいと思った段階で方針転換をする、**ということになる。

プロジェクト作業で、ワーキングメンバーがいろいろな検討を始める。最初のうちは、当初のプラン通りにどう作業を完了するかに着目する。作業が開始されると、さまざまな問題に突き当たる。その問題の中には、「当初こう決められていたが、実際はこうしたほうがよいのではないか」といった、既存計画を否定するアイディアが含まれる。

また、作業を遂行していくうちに問題に突き当たり、「それを解決するには、会社としてのガイドラインが必要になる」とか、さらには、「この企画をせっかく実行するのだから、こういうところまでやったらどうだろうか」と、新しい発想が浮かび上がる。ただすぐに、「でも、それは自分の権限では無理だ」と、無力感を覚える。自分で意思決定できない問題を、どう捉え進んだらよいのか、悶々とした気持ちで思考を巡らす。その間、作業は停滞する。

何か、企業のプロジェクトに参加したことがあるという人なら、多かれ少なかれ、こんな経験をしているのではないだろうか。私の経験では、プロジェクトの遅延の理由は、技術的な問題というよりも、「それを解決する権限のない人が、それを解決しなければ前に進めない状況に陥っている」ことにあるような気がしてならない。どうすればいいのだろうか。

そんなときにこそ有効に活用したいのが、ステアリングコミッティだ。現場のワーキングチームのリーダーは、問題を認識し、その解決方法についていくつかの代替案を抽出する。そして、その案をプロジェクトリーダーに伝える。プロジェクトリーダーは、ステアリングコミッティの一員であり、またワーキンググループのリーダーでもある。つまり両方の立場にいる。プロジェクトリーダーは、内容を吟味の上、ステアリングコミッティにその代替案を提示し、意思決定をしてもらう。

言い換えれば、ステアリングコミッティにあがる内容は、「どちらをとっても一長一短のある複数の代替案」があり、「そのどちらか（どれか）ひとつに決めてほしい」ということになる。非日常的で、組織横断的なアクティビティから生み出される代替案の中には、以前から暗黙のタブーとされていたものも含まれているだろう。ステアリングコミッティは、Do the right thingsがミッションだ。当然のことながら、それがタブーであろうと、なんであろうと、「今、その会社のためにやるべきことだ」というならば、意思決定はされる。

ステアリングコミッティという名は組織図に見つかるのに、肝心のメカニズムが実装されていないプロジェクトが驚くほど多い。たしかに、正しく運用させるのは骨が折れる。だが、ステアリングコミッティの運用方法を、企画の一部として、勇気をもって正しく説明しなければ、自分は「失敗が埋め込まれていることを黙殺した確信犯」だ。自分の企画を成功させたいなら、その勇気を出すかは、判断ではなく、必至だ。勇気を出して説明したところで、上層部が聞き入れてくれないというなら、それはまた別の話だ。

そして、現場がステアリングコミッティを活用する、すなわちそれを機能させるための最大のコツは、課題を課題のまま提示するのでなく、必ず「一長一短の存在する（つまりはどちらに転んでもリスクがある）意思決定事項」というかたちに贅肉をそぎ落として提示することだ。逆にいえば、一長一短が存在しないということは、ワーキングチームのサイドでの掘り下げが甘いということになる。

前例がない、あるいはタブーとなるような議題をあげるワーキングチームも、それを英断するステアリングコミッティも、それぞれに勇気が必要とされる。その勇気を出しやすくするために、とにかくはステアリングコミッティを正しく設計し、正しく運用したい。

時にはオーナーは選ぶもの

先ほどのステアリングコミッティの話と似てしまうが、ステアリングコミッティの最上位にいる「オーナー」と呼ばれる役割の方の選定には、十分に注意を払いたい。

こう書くと、「オーナーになる人は、いわゆる偉い人の中でも、相当に偉い人で、役員クラスが多い。なぜ、自分の立場で、そのような人を『選べる』のか」と、疑問をもたれる方が大多数だろう。もちろん、そういった方々を、「下から任命する」ということではない。

上層部からの指令でスタートした企画の場合には当てはまらないが、自分が企画を上層部に持ち込もうという場合、最初の段階で、「誰に話を持ち込もうか」と考えることがある。もしここで、話を持ち込む先は、自分の上司に決まっていると思う方は、今一度、再考いただきたい。何か今までと違うことをやるのに、いつも話をしている上司は適当だろうか。もし、そうであれば、わざわざ大上段に「企画」などとする必要はないはずだ。

「上司に相談する」というのは、「意中のその人（オーナー候補）」への相談にたどり着くまでのパスをつくってもらうか、あとで「聞いていない」と不機嫌にはしごを外されないようにするためのものではないだろうか。

オーナーは、会社の最適化という観点から意思決定を行う役割だ。当然のことながら、その権限をもつ人でなければならない。例えば、経理部の改革を行う場合、通常なら、経理担当役員や部長にオーナーシップをとってもらいたい。

でも、必ずしもそうとは言えないのではないか。経理部の改革というのは経理部内に閉じたものではなく、経営者、営業部門、製造部門、物流部門等々と関連する。つまり、こちらをとればあちらが怒り、あちらをとればこちらが怒る、そのジレンマの中で意思決定をする人が必要になる。それが当事者であっては、その人が社内でよほどの影響力と信頼をもっていない限り、意思決定は難しい。また、もし仮に部内に閉じた改革というのであれば、わざわざプロジェクト組織をつくるまでもない。場合によっては、ＣＥＯやＣＯＯにオーナーになってもらわなければならないという事態もある。

「プロジェクトの意思決定力が、今までの常識を覆すような大きな意思決定をできるようになっているか」が、その企画の実行局面での品質、ひいては効果に大きな影響を与える。そういう意味では、オーナーの意思決定は、その企画、プロジェクトの内容と同じくらい「結果」に大きく影響するわけだ。

実行の設計局面でのオーナー選びは、なぜか「やりやすい（話しやすい）人」であったり、ＩＴだからＩＴ部門、営業だから営業部門というように、職責でオートマティックに選んでしまったりすることが多い。ここで思考のスイッチをもう一度入れて考え直してほしい。

「その人」は、実際の難しい局面で、はたして意思決定をしてくれる人だろうか。オーナーとされた人が、意思決定力をもたないという状態が起きる場合、その理由は2つ。その人が、「意思決定権限をもたない人」か、あるいは「リスクをとらない性格の人」かだ。

実際に、そういう人に意思決定をお願いしにいくと、どちらの案にも一長一短があるから意思決定してほしいのに、「これでは意思決定できないではないか、問題をなくしてから（一長一短を解消して）もってこい」とまでいわれてしまうことがある。こうしたオーナーが意思決定できる条件はただひとつ、「誰も反対していないこと」だ。そこに「新しい発想」など存在するわけがない。

オーナーになってもらう人は、権限をもつ人なのか、リスクをとれる人なのか、と聞かれたら、私であれば迷うことなく後者を選ぶ。これはコンサルタント経験から来たものなのだが、何か大きな改革があった場合、「どのような部門が担当すべきか」

よりも、「誰なら担当できるか」と考えた場合のほうが、はるかに結果が出た。リスクをとれる人であれば、権限がなくとも、その権限をもっている人にアプローチしてもらえる。その逆は無理だ。

どの企業にも、「タフで、仲間からの信頼が厚い人」がいる。まずは、職責を考えずに、頭の中にそういう人たちの顔を思い浮かべる。不思議とステアリングコミッティ以下、組織図のいろいろな部分が埋まっていく。「企業は人なり」は言い得て妙だ。

プロジェクトとプログラムを混同するな

昨今、プロジェクトを行う中で、「ＰＭＯ」という言葉を頻繁に耳にする。最初に聞いたときには奇妙な名前だと思ったが、どうやら完全に市民権を得たようだ。

でも、「ＰＭＯはなんの略ですか」と尋ねると、十中八九、「プロジェクトマネジメントオフィス（Project Management Office）」という答えが返ってくる。これは明らかに間違いだ。その昔、プロジェクトで、スケジュール調整や会議設定を行うために

「事務局」なるものを設置したが、それがPMOという今風のカッコいい言葉に変わっただけという残念なケースが多い。

PMOは、正式には「プログラムマネジメントオフィス（Program Management Office）」の略だ。違いは、「プロジェクト」なのか「プログラム」なのか、だ。私が「プログラム」とはじめて聞いたときには、「運動会のプログラム」のあのプログラムを想像してしまい、妙な名前だなあと違和感をもった。

ここでいうプログラムは、「プロジェクトの集合体」のことだ。プロジェクトが複数あって、それが束ねられてプログラムとなるわけで、なんとなく組織図にすればどんな形になるか想像できなくはない。だが、それを「大規模プロジェクト」などといわずにわざわざ「プログラム」などと読み換えているのはなぜだろうか。

例えば、一般的なプロジェクトも、たいていは複数のサブプロジェクトで構成されている。このサブプロジェクトをプロジェクトの一形態だとすれば、どんなプロジェクトでも、プログラムと読み換えることができる気がしてくる。なぜあえてプログラムとして、プロジェクトと分けているのか、例をあげて説明してみよう。

例えば物流改革の企画があり、その実行のためにプロジェクトを立ち上げたとしよう（図5―8）。

このプロジェクトは、配送管理、倉庫管理、業者管理、ITなどといった、いくつかの専門分野ないしは機能分野別のサブプロジェクトにより構成されている。それを束ねるプロジェクトリーダーは、どのような人が適任だろうか。まあ、間違いなく、それは物流に土地勘があり、物流部門にそれなりの影響力をもつ人間だ。つまりは、物流部門の課長あたりが適任だろう。

プロジェクトは、期間中にいろいろな意思決定事項が発生する。内容は物流まわりなので、プロジェクトリーダーとしての物流課長は、何かを聞けば、すぐに状況が把握でき、的確な指示が出せよう。また、サブプロジェクト側のメンバーからしてみても、そのプロジェクトリーダーは、いってみれば身内出身のリーダーなわけだから、素直にその指示に従うだろう。つまり、プロジェクトは、プロジェクトリーダーの力量に成否が大きく依存しているわけだ。

では今度は、新事業開発のプロジェクトが立ち上がったとしよう。

その新事業は、小規模ながら、研究開発、調達、製造、販売、サービスといった幅

図5-8　一般的な業務改革プロジェクトの体制図（物流改革のイメージ）

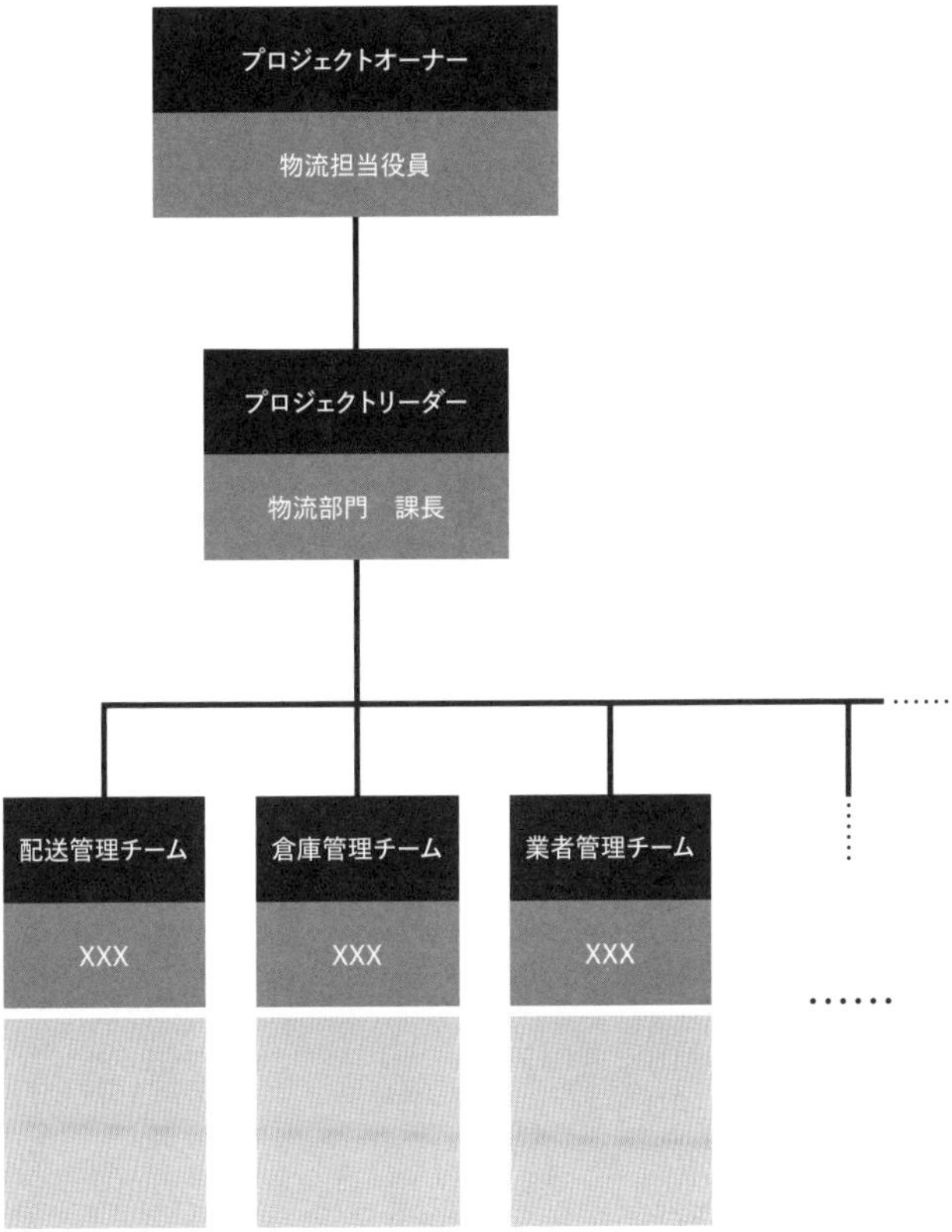

広い組織に関係し、それらをうまくつなげてひとつのオペレーションをつくらなければならない状況にある。普段は各領域別に議論が行われ、定期的に部門代表が集まり情報共有を行いながら足並みを揃えていく。こうした中、組織間の思惑の違いや、トレードオフなどで問題が発生し、意思決定をしなければならない状況が発生する。

こういう状況のプロジェクトの場合、リーダーの要件はどんなものになろうか。先の物流プロジェクトの例にならえば、「会社のすべてのプロセスに精通し、それらに影響力をもつ人」となる。でも、どこの組織にこんなスーパーマンがいるだろうか。当然、いるわけがない。それぞれの組織で議論されてきたことを「足並みを揃えて」とか「つなげて」とか簡単にいうが、実際には別の組織のことはさっぱりわからないし、ターミノロジー（用語）も違う。第一、他の組織の人に指示されたところで、それが仮に正しくても、現場は面白くない。冒頭に述べたPMOのPの意味、「PROGRAM（プログラム）」は、こういう時のための、組織形態だ。

図5-9を参照いただきたい。プログラムオーナーがいて、その下にプログラムリーダーが任命され、さらにその下に各部門別チームの「プロジェクト」が配置される。組織図を見る限りにおいては、プロジェクトの構成要素を単にプログラムのそれに読

図5-9　プログラムのイメージ――縦軸（スピード）と横軸（シナジー）の相互牽制

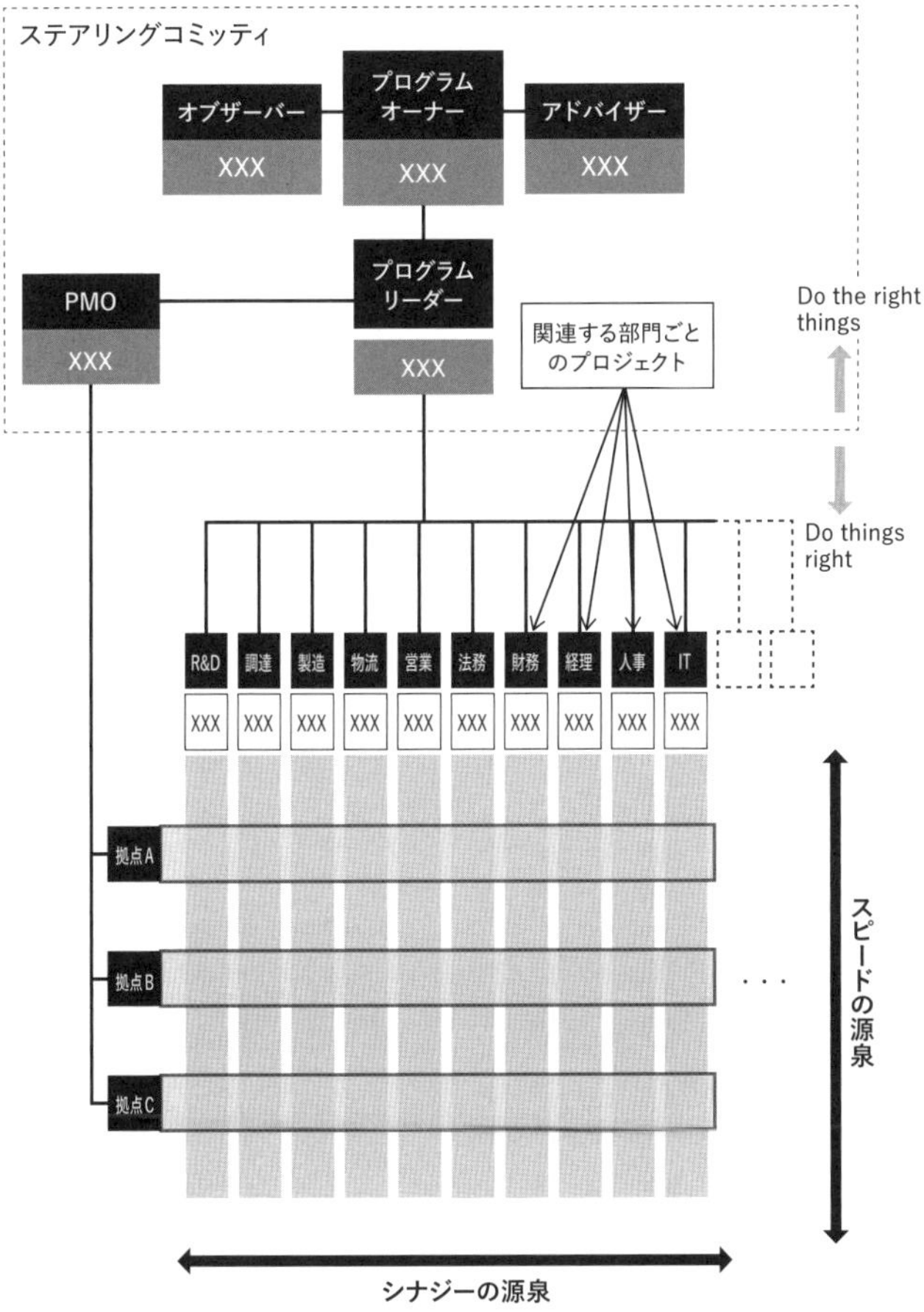

み換えたのと同じだ。

違いは、運営方法にある。ここでの大前提は、ここでプロジェクトとしているものは、まさに読んで字のごとく通常のプロジェクト同様に自律的に活動を行う、すなわち、研究開発、調達、製造、販売、サービスなど、それぞれのプロジェクトにそれぞれのテーマがあるということだ。プロジェクトごとに必要となる作業を抽出し、独自に決め、独自に実行し、もし問題があればプロジェクト内で解決するのが原則だ。だから、これはプロジェクトに従属したサブプロジェクトではなく、単体のプロジェクトになるわけだ。

先に述べたように、研究開発、調達、製造、販売、サービスなど、企業のすべてにわたって精通し信頼のある人物などどこを探してもいない。だから、一応、プロジェクト群の上位に「プログラムリーダー」なる役割を組織図上で書いても、「統括」の役割は期待できない。であれば、自分のところは自分でというように自己完結させるという思想だ。

組織とは不思議なもので、こうした自己完結したプロジェクト群が並び、同じテーマで作業が進むと、そこに「競争意識」が生まれる。「経理プロジェクト側は、もうここまでできているらしい」とか「営業プロジェクトとしては、物流プロジェクトに後れをとりたくない」といった感じだ。時にその競争意識は、全体最適化への情熱よりも熱い場合がある。これは悪いことではない。これこそが「スピードの源泉」だ。

もし、こういった競争意識が発生しなかったらどうだろう。横にらみ、横並び意識で、進捗がはかどらず、その責任は「統括のリーダー（ここでいうプログラムリーダーの位置づけの人）」に負わされるのではないだろうか。だが、もし、各プロジェクトが我が道を進み始めているとすれば、動き出したものの方向づけは容易になる。プログラムリーダーの役割は、主にその方向づけにある。そして、プログラムリーダーを支援する機能がＰＭＯという組織だ。各プロジェクトの進捗管理や、課題の発見とその解決支援を行い、実行のスピードが落ちないよう、各部門の競争を煽る。

そして、このＰＭＯがプログラム（自己完結したプロジェクトの集合体）に必要な最大の理由は、なんといっても、プロジェクト間の整合性の確保だ。

例えば、Ｍ＆Ａなどで、どこかの企業を買収し、企業統合のプログラムが開始されたとしよう。新しく仲間になる会社の社員が、朝、出勤してきて、新しい社員証をセンサーにかざしてオフィスに入ろうとしたときに、ドアが開かない。こんなときは、そのプロジェクトに問題があったのだろうか。

ドアはＩＴで制御するからＩＴプロジェクトか、社員登録処理や社員証発行という点で総務プロジェクトか、それとも社員データの管理という点で人事プロジェクトなのか。この3つのプロジェクトの同期がなければオフィスのドアさえ開かない。顧客や社員、ビジネスパートナーなどのステークホルダー目線で、実現すべきシーンを考え、各プロジェクト作業の抜け漏れや、プロジェクト間の整合性確保を行う。

ＰＭＯは、ここの例で述べたような企業統合（ＰＭＩ：Post-Merger Integration）、新規事業開発、都市計画など、規模が大きく、そして時間の制約のある中、いろいろな組織から人が出てきて何かをやり遂げるという場合に設置される。その運営は、従来から企業が行ってきたプロジェクトとはまったく概念が異なる。その一方で、組織図を見る限りにおいては、今までのなじみのあるプロジェクト組織図に酷似しているので、事故が起きやすい。

今、その企画の実現に必要なものは、プロジェクトかプログラムか。ここをまず明らかにしたい。そして、もし、プログラムとして運営するのであれば、ＰＭＯ機能を正しく設計し、その運用方法について、関係者にかなり厳密に理解してもらう必要がある。

プロジェクト、プログラムともに、多くの専門書が書かれ、日々、その改良が繰り返されている。その企画についてのプロジェクトやプログラムは、それ1回限りかもしれないが、企画は頻繁に策定される。企業としては、**プロジェクト、プログラムといった、ある意味では「特別組織」の設計と運営について、既存の組織のそれと同じくらいに、ノウハウ収集に注意を払うべき**だと常々思っている。

「根回し」で東西対決を、南北対決に変えよう

これは厳密にいえば、実行の設計のためのコツではなく、スムーズに実行に移るためのコツというべきかもしれない。

企画が構想され、実行が設計され、実際に実行に向けてのアクションが開始される。実際に実行するのはこの3つのステージのうちの3番目なのだが、それまで何もしないで待つ手はない。人の心は簡単には変わらない。

ましてや、企画の多くは過去の成功体験を否定する要素が含まれている。そうやすと「その企画、承認」とはならない。構想の段階からステークホルダーを巻き込み、啓蒙を繰り返しておかなければ、到底実行はできないだろう。よく「根回し」と呼ばれるものだ。そして、この根回しは、日本企業特有のものだといわれ、やや前近代的な風習のように揶揄されたりもするが、すでに述べたように、実はグローバル企業でもそれは存在している。いや、グローバル企業のほうがそれを大事にしているというべきだと思う。

日本企業ではある程度論理的な説明をもってこの「根回し」が行われるのに対し、欧米、特に米国系企業のそれは、政治色が強いような気がする。日本企業の場合、現場に「考える文化」がある。現場を知る者たちが現場の工夫をするわけだから、鬼に金棒。必然的にボトムアップでアイディアが生まれてくる。そしてそれは論理性、合理性をもっている。

一方、欧米企業の場合、マネジメント階層とオペレーター階層が上下でくっきりと分かれている。このため、現場で今と違う何かを考えてもらうという方法がとりづらい。何かを変えるアイディアはマネジメント以上と話をしなければならない。組織は上層部にいけばいくほど、考えなければならない関数が多くなる。したがって、単純に論理性、合理性だけの議論に留まらなくなる。そのあたりが微妙に「根回し」の方法の違いを生んでいるのかもしれない。

私は、こうした「根回し」については、水平系と垂直系があると考えている。表現があまりよくないが、東西対決と南北対決だ。

企画者は必ずどこかの部門に属している。幕臣でありながら日本のために幕府がなくなることもやむなしとした勝海舟のような人物なら別だが、通常は、自分の部門に大きな損をもたらすようなものはつくらない。どちらかといえば、自分の部門が大活躍して会社を躍進させるというストーリーにしがちだ。

一方、組織全体を見回すと、どこかのある部門だけがすごいことをする、というのは、他の組織にとってあまり面白いものではなく、ましてや、自部門に面倒な影響を与えるものであれば、その企画がいくら会社を大きく躍進させるものであっても、受け入れられない。企業の規模が大きければ大きいほど、この傾向は顕著になろう。これが組織図で並列になっている部門同士の争い、東西対決だ。

一方、企業の「南北対決」とは、どのようなものだろうか。南北対決は、会社の意思決定をつかさどる経営層と現場側との間に生じる、知識や置かれている状況のギャップだ。企画が通らない理由は、もちろんその企画の内容が乏しいという場合もあるだろうが、実際は、両者のもともとの認識のギャップがあまりにも大きいという理由が一番影響する気がしている。

こう書くと、「伝え方の問題」とされてしまいがちなのだが、それだけとはいえない。というのも、企画者がどんなに丹念に説明をしても、企画者が長い時間かけて理解した事実や考えたことを、承認者が100%理解することはないからである。

承認者は、自分の意見をまとめる前に、自分のスタッフや、その企画に関連するさまざまな部門、あるいは権威という人に、セカンドオピニオンとして意見を聞く。

ただ、人間は不思議なもので、こういう感じのときにアドバイスを求められると、リスクばかりを考えてしまうか、重箱の隅をつつくように問題点を出してしまいがちだ。素直に「それはいい」といえないその気持ちは理解できる。ただ、そうしているうちに、ちょっとどこからか否定的な声が出れば、もうそれこそ「リスクだ」ということになり、それだけが強調され、結局、大きな意思決定はなされなくなる。

さて、東西対決、南北対決、難敵は左右上下にいる。どうすればよいか。そこに特効薬や一発技はない。ていねいにコミュニケーションをとり、納得を得るだけなのだが、ただ東西と南北には順番があると思っている。

優先すべきは、東西対決の終結だ。東西に（組織図に水平に平行して）組織が分かれている理由は、それぞれの役割が違うからだ。だから、わかってもらえないのは前提であって問題ではない。

ここは、コミュニケーションの頻度を多くするしかない。単に多くといっても、テレビドラマのセールスマンのように、毎日訪問よろしく会合では困る。企画のはじめのうち（といっても妄想の段階あたりでは、話す相手を注意深く選ばねばならないが）、インフォーマルなかたちで内容を伝え、意見を聞いておく必要がある。あとでくわしく述べるが、この**「意見を聞く」という作業は、相手が自分の企画に対して注文をつけるというような意味**だから、それをちょっと意訳すれば、相手は、なんらかのかたちで自分の企画に片足を突っ込んだということにもなるのだ。もちろん1回や2回では、すぐに足は抜けてしまうだろう。だから、定期的に、インフォーマルに個人として意見交換をしたいわけである。

「組織の壁を取っ払う」という話をよく聞くが、「□□組織と○○組織との連携をよくする」といったように、対象が「組織」になっているうちは無理だろう。個々の人間同士の信頼がまずあって、その発展系として組織と組織の信頼ができると思う。まずは、特定の個人に着目し、ある組織の個人と、もうひとつの組織の個人での信頼をつくるようにしていく。もしこのような行動により、他組織のキーマンが個人として企画に影響を与えてくるようになれば、それはいずれ組織の声にもなろう。

東西対決が終われば、このときはすでに他部門の友軍が合流しているわけだ。部門を超えたさまざまな人間から、インフォーマルではあるが賛同を得ている。自信という強い兵力をもって、上層部にコミュニケーションにいける。そして、この種の自信こそが、説明に迫力を生み、お互いの知識や立場のギャップについては、「おまえを信用する」という感情をもって、解決でなく解消するものだと思う。

余談になるが、大の大人同士が「仲良くなる」ためには、4段階のステージが必要だといわれている。

- Doubting Each Other：お互いの能力や人間性を疑ってかかる段階
- Knowing Each Other：お互いの顔や名前を認知している段階

- Understanding Each Other：お互いの考え方などを理解し始めてきている段階
- Leveraging Each Other：お互いに信頼が生まれ進んで協働する段階

先に述べた「チェンジマネジメント」という手法の一環として、よくM&Aのあとの実際の事業統合作業などで、我々が使う考え方だ。

すでに述べたように、私は「誤解は理解のもと」だと思っている。最初は疑っていたからこそ、理解したときの信頼が厚くなる。誤解に触れないコミュニケーションは、その内容が退屈な企画であるか、理解を促すという作業を先延ばしにしているだけだと思う。

ただ、いくら誤解は理解のもととはいえ、オペレーションを複雑にして誤解の複雑骨折にならぬよう、まずは東西対決の解消、そして南北対決、という順番で進もう。

「正義は勝ちやすい」と心得よ

子供の頃に観たテレビのアニメやドラマでは、最後にヒーローが悪者を倒し「正義は勝つ」と唱えることが多かった。なぜヒーローが勝てたのか。その理由は、彼が「正義の味方」だったからということになる。子供の頃は、その言葉に何も考えず納得したものだが、大人になってくると、世の中そう単純なものではないと思うようになる。よく、「正義が勝つのでなく、勝ったのが正義」のだといわれると、妙に納得してしまったりする。

企画の本で、なぜこのような話をしているのか。それは、「正義」の捉え方が、企画の、特に実行局面で大事ではないかと思っているからだ。何度も繰り返している通り、企画はひとりでもつくれるが、企画の実行はひとりではできない。いろいろな組織からの賛同と支援を仰がなければならない。**お互いの組織が反駁し、意見が真っ向から対立しているときに、それを和解させるマジックワードがある。**それは、この2つの意見、もし我々の大切なお客様に伺ったら、どちらに賛同するだろうね？

というものだ。私の経験では、この効果はてきめんだ。これをいわれると、たいていの人は、組織代表としての自分から、会社代表としての自分に一瞬、「昇進」する。そして、その「臨時代表」は、一瞬、虚をつかれたように沈黙し、上空から下界を見下ろす鳥のように、静かに2つの意見を、顧客の目線からシミュレーションする。自分の意見がどちらだったかは忘れ、自分の意見が一方に傾く。もちろん、1か0かのように完全に傾くことはないが、0・2とか0・8くらいに傾くことはある。ここまでくれば、両者の議論は客観性をもち、ストリートファイトから土俵の上にのる。

そして、このシミュレーションの何よりの成果は、議論（論争）の相手の思考を理解できるようになること、正確にいえば、理解しようと思う機会を得るということだと思う。人間の立場は、客観性を時に曇らせる。でもこれもまた仕方のないことだ。部門同士の交渉が、自部門の最適化に向かってしまうのは自然の流れだ。しかし、何かあれば、とにかく自部門に有利なほうを選択するのでは、企画の実行は骨抜きになる。こんなときは、一瞬、自部門を忘れ、「何が正義だろう」と考えてみる。この話での正義は、「顧客の判断」だが、正義の審判員は、顧客に限る必要はない。時には従業員、あるいは株主など、いろいろだ。

勝ったものが正義だという考え方には賛同するが、その一方で、「正義は勝ちやすい」とも考えることにしている。

第6章

企画書とりまとめ編

「議論の触媒」を企画書に埋め込む

「鉄壁の企画書」という大きな罠

企画の構想ができ、その実行に関する設計が終わったところで、いよいよ企画書を作成することになる。

今まで頭の中で考えてきたことを、紙の上で表現する作業だ。頭の中にある膨大な事実と洞察、考察、さらには課題解決のアイディアの数々。何をどういう順序で書いていくのか、非常に悩むところだ。

「企画書」といわれると、表現や順番はいろいろだが、こんな感じの内容になっているのをよく見かける。

- はじめに
- 本企画の背景
- 目的とスコープ
- あるべき姿(めざすべき姿)

- 課題（ギャップ）の整理
- 解決策
- アプローチ
- 成果物
- プロジェクト体制

そして、企画書を書き始めてみると、そこではじめて思いつくことが結構ある。このアイディアはこう説明するとわかりやすいとか、これはもっと説明しておいたほうがよいとか、むしろああいう人にはこういうことを説明しておくべきだとか……。思いつくたびに追加していき、企画書の内容はどんどん充実していく。いいたいことが漏れなく記述でき「鉄壁の企画書」ができあがる。実はこれが、企画書づくりにおけるもっとも大きな罠だと思う。

企画書をはじめから最後までていねいに読んでいるのは、それをつくっている人間だけと考えるべきである。分厚い企画書を用意すれば、承認者は「ああ、これから聞く話は、いっぱいいろいろと考えたんだろうなあ」と安心はする。大切なのは内容なのだが、その内容の本質が「一発でわかること」、そして「それがわかるまで間に読み手をいかに飽きさせないか」も重要だ。

その着眼点をいくつか説明していきたい。

まずはOfferingとDelivery Capabilityの2点だけをまとめよう

企画者である自分は、企画について熱く語りたい。

ただ相手は、企画者ほどまだ熱くなれていないのだ。まず企画書は、自分が想像しているようにていねいに読んではもらえない。特に承認者ともなれば、企業の役員クラスだろう。その役員が、数十ページ、ときには数百ページにわたるものを、1ページ1ページていねいに読むなど想像できない。

例外は、その役員から「この企画書を私の代わりに読み、考察を述べてほしい」と依頼された経営企画のようなスタッフ部門の人たちだ。それこそ舐めるように企画書を読み、事前に質問をくれたり、問題点を指摘してくれたりする。つまりは、承認者への説明の前哨戦として、経営企画部門との熱く真剣なキャッチボールが始まる。ただ、経営企画部門は、その職責上、網羅性を重んじる傾向がある。説明のヌケ・モレなどがあれば指摘され、そこで補足される。いよいよ情報量は多くなり、資料は分厚くなっていく。

公共の仕事などで、ありとあらゆる人が見る資料ならば、千本ノックに耐えるべく、どうしても分厚くなるのは理解できる。だが、企業の場合、それを見て意思決定をするのはごく限られた人で、その人の関心を引かなければ意味がない。企画は実行されなければ、最初からなかったのと同じ。網羅性も重要だが、まずは相手が興味をもってくれるものでないと、何も書いていない大量の白紙を提出しているのと同じことになってしまう。

企画は、最初に「どうやって書こうか」と考えると、枚数増大化の悪魔のサイクルにはまりやすい。むしろ膨大な情報の中から「何を書くべきか」と考えてみるのがコツだ。つまり、足し算でなく引き算だ。そのためには、

まずは企画全体を頭に思い浮かべ、大きく「結論」と「実現方法」の2つに整理してみる

とよい。逆にこれがすぐに言葉に出ないようなら、それはお手盛りの企画だと思う。

●結論（Offering）：その企画がうまく実行されたときに、いったい何が手に入るのか

●実現方法（Delivery Capability）：結論に述べるような大きな効果が、なぜ今のこの組織で実現できるのか

「結論」は、相手に「(そんなことがもし本当にできるなら）ぜひやらせたい」と思わせるものだ。「企画の目的」と背中合わせの関係にある。

これは、大袈裟に書けといっているのではなく、その企画のすごさを正しく表現す

るというものだ。もし、大袈裟にデコレーションしなければならないような結論であるならば、企画の構想段階で、すでに失敗しているといわざるを得ない。

よく、結論として、「売上高○○%成長」「利益率○○%」と書く場合が見受けられるが、それは経営計画としてはよくても、企画としては疑問が残る。現業も大変だが、いろいろな組織が協力し合って実現したい、と思わせるワクワク感がないのだ。つまり、企画の意義というか意味（すごさ）がすぐにわからないわけだ。

また、「あれもこれもできます」と、「合わせ技」的な戦法で、「この企画の効果は大きい」と表現するパターンもよく見かけるが、読み手からすれば、あえて企画としてやらなければならない意味が感じられないし、それ以前にいかにも退屈だ。

例えば「当社は○○市場でシェア第1位になる」とか「長年入れなかった○○市場に参入することができる」といったような、まずは読み手が、「おお、こんなことを実現させるというんだな」と、軽い衝撃をもって記憶されるような意義が欲しい。

一方、「実現方法」は、「実際にどうやるか」をいきなり説明しても、はじめて見た人は、それがはたしてよいのか悪いのかわからない。まずは、「これから登ろうとする山の、どことどこがどういう難所なのか」「その難所を、当社（当組織）だけがクリアできるのか」を明らかにすることだ。乱暴にいえば、危機を煽ったあとで、解決策で安心してもらうという戦法になる。

自分の企画書の内容は完璧なのに、承認者がどうしても理解してくれない、と嘆きたくなったことは、誰しもあるだろう。ただし、企画書の書き手と読み手とで、それまでに蓄積されている情報の量はあまりにも違うのだ。この前提を考慮せずにまとめた、自分の論点での一方通行の企画書を読ませておいて、読み手が理解できない、あるいは興味をもって読めないのは、読み手のせいではない。

極端な話、一切、資料はつくらず、冒頭の2点だけを口頭で説明できたとしよう。相手は、この段階で、企画のかなりのことを理解している気がする。

企画の目次の「ひな形」は存在しない

時折、「企画書の目次の見本みたいなのはありませんか?」と聞かれる。そういう方は本当に企画に向いていないと思う。たしかに、企画書の共通パターンみたいなものはあるにはあるだろう。だが、それは、いろいろな先人の方々が、その時々の内容を、ステークホルダーの方々をイメージしながら、まとめてきた企画書があり、結果として、目次の共通項が現れてきたというだけだ。汎用の目次共通項から、企画書をつくり上げるという作業にどんな意味があるというのだろうか。

目次の内容は、そのテーマの種類や、承認者の立場、ステークホルダーの種類などによって、まったく違ってくる。

上司：「新興国市場への売上を10％伸ばす企画をつくれ」
部下（企画者）：「はい、仰せのものができあがりました」

こんな会話があったとしよう。次に上司はどんな質問をしてくるだろうか。

私が想像するとすれば、ざっと以下のようになるだろうか。

「その企画の結論は、本当に新興国市場への売上を10％伸ばすというものか？（達成度の確認）」

「具体的にどうやってやるのか？（具体案を示せ）」
「どうしてそれをやると、結果が得られるのか？（論理を示せ）」
「それは、当社（当組織）にしかできないことなのか？（当社のアドバンテージを示せ）」
「確認だが、今の状況をどう捉えているのか？（前提の確認）」

などなど。

この質問に答えていけば、何やら企画内容になるような気がしてこないだろうか。もっといえば、この質問は、結論の確認から始まり、それを検証していこうとしている。となれば、この質問の順番を逆にすれば、「そもそも」の前提から始まり、結論にいく。つまりは、企画書の順番に近いものになる。

ということは、先の会話の企画書の目次は、これの冒頭に、目的（上司からの依頼）をつけ、こういう感じになるだろう。

●今後業界が直面するであろうチェンジドライバー
●自社が直面するであろう機会と脅威の確認

- 課題の整理と解決の方向性
- 対応策のオプション
- 効果試算
- 実行計画

まあ、コツといえるかどうかは別として、先にあげた上司と部下の会話を、自分の頭の中でロールプレイしてみるといいかもしれない。

また、もし企画のテーマが、誰からも与えられたものでなく、自分の問題意識から自発的にまとめたものであるとすれば、「もし上司が自分に、その企画をつくれと命じるとすれば、なんといって命じるだろう？」と考えてみるといいかもしれない。「上司の指令」の裏返しが、自分がまとめたという企画の本質を言葉にしたものだ。それに違和感があるとすれば、自分でつくった企画そのものが、自分の問題意識とずれたものになっているということだ。

脳はサボり魔だ。自分の脳なのに、大事なことを直接は教えてくれない。本質を知るためには、多面的に自分で自分に問いかけてみなければならないときが多い。企画書の目次について考えてみれば、企画の構想ができあがった時点で、自分の目次はすでにできている。その潜在的な目次を呼び起こすためには、先の例のような試みが効果的だったりする。でもそれのほうが、いろいろな本で目次の「ひな形」を探すよりは、よほど効率的だし、何よりも品質面での効果が絶大だと思う。

企画の「安心在庫」にはとにかく気をつけよう

在庫管理の世界では、購買量や販売量の不測の変動による欠品を防ぐために、その変動分を予想し余分に在庫をもっている。通常、これを安全在庫というわけだが、その言葉をもじって「安心在庫」なるジョークがある。それは、

- 世の中の変化が激しくなり、顧客が何を求めているかわからなくなってくる
- 顧客のさまざまな要求に迅速に応えようと、いろいろと在庫を多めにもっておくようにする

図6−1　安心在庫のメカニズム

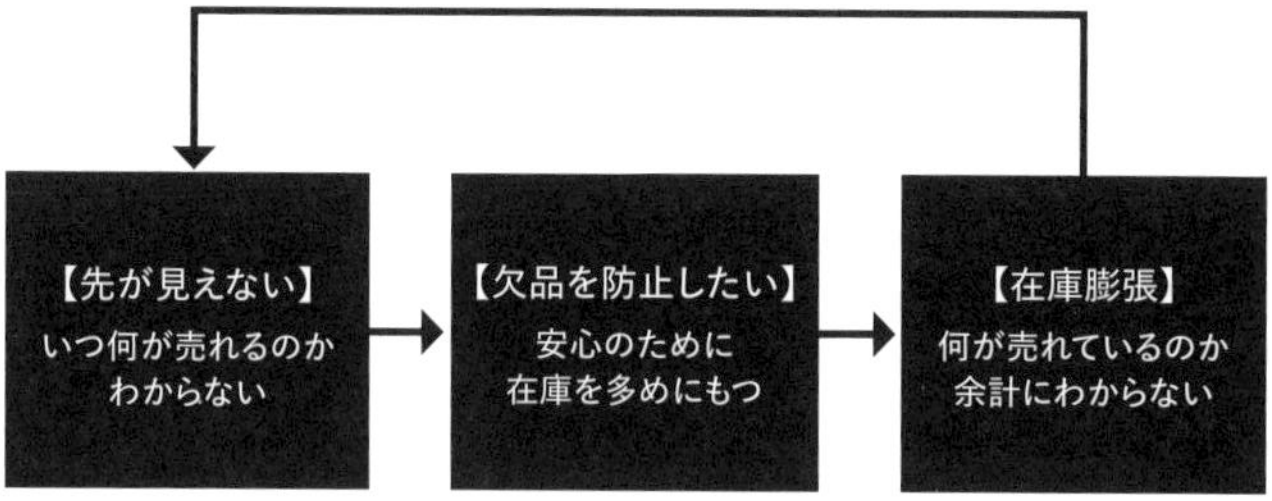

●在庫が多くなって、はたして何が売れているのかわからなくなる
●その結果、さらに在庫が増える

という、永久ループのことだ（図6−1）。元々は、顧客のニーズ対応のためにやったことが、結局、その真逆に働き、余計に顧客を見えなくしている。そしてそれが際限なくループしていく、というものだ。

企画書のとりまとめは、最初の段階は比較的順調だ。目次にしたがって、必要な情報を張りつけていく。ただ、その途中で、時折、承認者である役員の顔、あるいは承認会の席におそらく同席するであろうエグゼクティブの顔、協力を仰がねばならないあの人の顔、いろいろな人の顔が目に浮かぶ。この人はこんなことを尋ねてきそうだとか、あの人はここを強調すると喜ぶはずだ、とか、リスクの事前解消を目的に、その対応策として情報を付加していく。その結果、資料がどんどんと膨れ上がってくる。

あなたのその企画書は、こうした安心在庫の無限ループにはまっていないだろうか。わかってもらうために情報を追加すればするほど、内容が難解になっていく。

安心在庫の場合には、在庫を減らせば、何が売れているのかが鮮明になってくる。企画書も同様だ。**企画書のメッセージをわかりやすくしたければ、できる限りのムダをそぎ落とすことだ。**

時々、組織の文化として、「分厚い資料でないと、内容がないと思われる」というところがある。正直いえば、その文化がおかしい。が、企画内容が決まり、そのとりまとめをしている最中に世直しをしている暇はない。そんな場合には、苦肉の策として、企画書の前半を本編、後半を付録として、その付録に大量の情報を片寄せしよう。

ここでは名前は明かせないが、あるコンサルティング会社は、提案書の総ページは100ページで（相当に分厚い）、うち、付録が90ページというものが半ば標準になっているところがある。まあ、好き嫌いは別として、ある意味、本質をついているといえなくもない。

エグゼクティブサマリーこそが正式な企画書だ

その昔、伝統的な日本企業では、企画を提出する際、「B4一枚で」と指定されるところが多かったような気がする。今はあまり見ないB4であるが、これはB5の2枚の長辺をくっつけて左右に貼ってあるような状態で、左側にWHAT（何をやるか）、右側にHOW（どうやるか）」をパワーポイントなどがまだない時代に手書きで書いていた。

この書式のよさは、左右であっちを見たり、こっちを見たりしながら理解を深めていくという「一覧性」、さらには本来は膨大な企画内容の主要項目（判断材料）だけを「ひとこと」に集約している本質訴求力にあると思う。

ところがその後のパワーポイントなどの定着化で、企画書は長い長い紙芝居になっていく。

ただ、私の尊敬する先輩は、こうしたパワーポイント全盛の時代になっても「企画書は2枚か2000枚でまとめろ」といっていた。

「企画の内容は、どんなにその中身が濃いものであっても、2枚程度にまとめなければならない。2枚とはいっても、一枚は付録だから、実質一枚だ。もしそれができないというのなら、数千枚の資料をつくり、せめて『努力』だけでも認めてもらえ」というものだ。もちろん本当に2000枚書けといっているわけではない。ここは冗談だ（と、当時私は思っていた）。

この「2枚の企画書」は、通常、分厚くなりがちな企画書の中で、はじめにくる「要約」という章で使いたい。通称「エグゼクティブサマリー」ともいわれ、文字通り、企業の経営者が読む部分だ。通常、経営者は企画書を読んでいる時間はない。ただし、その承認はしなければならない。だから「2枚程度」の資料で企画内容を要約する必要がある。

要約とはいっても、実際には、承認する人がこれしか読まないというわけだから、この2枚こそがれっきとした「企画書」だといえる。だから、「企画書は2枚でまとめる」わけである。

「俺の企画は内容が濃い。到底、数枚でまとめられるものではない」と豪語される方もいらっしゃるだろう。その通りだと思う。よく練られたものであればあるほど、いろいろなことを調べ、考えている。ただ、自分と読み手とは、立場もモチベーションも違う。相手は、自分の親や兄弟ではない。ちょっと話が難解だったり、前後したりすると、たちまち読む気力を失ってしまう。

前言撤回しよう。2枚でなくてもよい。要は相手の集中力が途中で切れず内容が理解されるものであれば、逆にいえば、何枚でもかまわない。集中力が切れるのは、それが退屈だからだ。退屈なのは本論と違う余計なことが書かれているか、ストーリーが悪いからだ。

まず「ムダを一切そぎ落としたもの」をつくるとしよう。

そのコツはなんだろう。笑い話ではないが、私はやはり、膨大な情報を、最初はA4一枚でまとめてみることだと思う。重要なのはまとめられたかどうかではない。「まとめる」という作業の過程で、いろいろと重要な忘れ物を発見したり、「ここでいいたかったことは、こうではなくて、むしろああだったんだ」と、自分の思い込みや勘違いに気づいたりする。そんな自問自答が企画の内容を磨き上げていく。よくスピーチの原稿などをつくる際に、いろいろといいたいことがありすぎて、まとまらないときがある。そんなとき、「どうしてもいいたいことを3つだけあげると何になるか」と考えてみるとうまくいくことがある。あれと同じ要領だ。

名目上は、「企画内容ができたので、それを企画書に落とす」というのが企画書の策定だ。

だが、企画書にまとめている最中に、天邪鬼な脳が、突如、よいアイディアをひらめかせる。しかも、そのアイディアは、さらに背景の説明を加えてみるとたんにその価値がわかりやすくなる。背景部分の内容を継ぎ足してみる。するとさらに、企画の目的に関する表現に、いくつか補足があったほうがいい。となると、自動的に実行部分が変わることになる。であるならば、スケジュールにも変更が必要だし、その内容に前提の説明を加えておいたほうがいい。となれば、体制図も難解になるので、フェーズごとに分けたほうがいい。ええと、であるならば……と、驚くようなひらめきや発見の連続に陥る。

「構想作業が中途半端だったんだ」と反省し始める。だが、それは違うと思う。企画書にまとめるための試行錯誤の過程で、脳が違う角度で検討を始めたと考えるべきだ。

賛否両論あるとは思うが、私は、企画書、特にエグゼクティブサマリーのとりまとめ作業が来るたびに、それを「第二の構想作業」が来たと、ため息をつきつつ覚悟をする。今度は、脳がどんな新発見をするのだろうかと楽しみにしつつ、その内容により発生するであろう構想作業の大修正に怯えている。だが、悪いことではない。

その企画の意義は「新発見」？　それとも「新常識」？

企画は真面目な取り組みだが、人々を巻き込むという場合には、そこに「面白さ」がなければならない。この面白さは言い換えれば「知的好奇心がわく」というものだ。企画立案の最中にわかったことすべてを企画書に取り入れても、面白さは自然に出てくるものではない。極論すれば、読み手の知的好奇心を刺激するように、あえて「面白く書く」という努力が必要になるというわけだ。

図6-2　興味喚起（人々の驚き）の2大要素

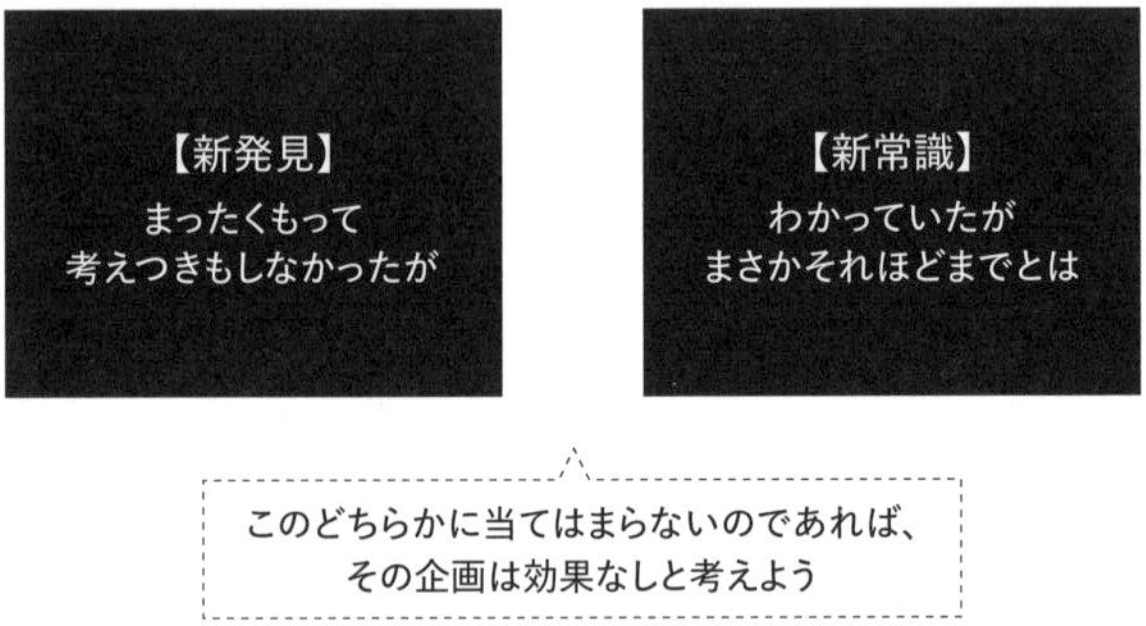
【新発見】
まったくもって
考えつきもしなかったが
【新常識】
わかっていたが
まさかそれほどまでとは
このどちらかに当てはまらないのであれば、
その企画は効果なしと考えよう

今まで、散々、真面目に考えよ、深く考えよ、と説明されてきた皆様からすれば、いきなり今度は「面白くせよ」といわれても当惑されてしまうかもしれない。

人々の知的興味を喚起させるためには、そこに知的な「驚き」が必要だ。驚くか驚かないかは、相手の知識とそこにある事実とのギャップの大きさに依存する。いくら自分にとって新発想であろうと、相手が同じことを以前から考えていたら驚きはしない。

私の場合、自分の考えをまとめる場合、相手にとっての驚き（興味）は、「新発見」なのか「新常識」なのかを自問自答するようにしている（図6－2）。

「新発見」については、あえて説明するまでもないだろう。相手にとってまったく未知だったものを知ったということで、よくいう「マジ？」というものだ。

例えば、私が驚いた「新発見」に、「アマゾンが無人機による宅配サービスを検討している」という話があった。今までの配送のイノベーションといえば、運転席から荷台へのウォークスルー型配送車を開発したり、配送員による代金収納だったり、道路の混雑状況をコンピュータで解析し最適経路を提示するとかいったものだった。このアマゾンの話は、まさに「おい、本当か？」という驚きをもって、あっという間に世に広まった。そして、その驚きの本質は、「無人機というハードウェア」というよりも、「陸海空、さまざまな交通手段でひしめいている中、どうやって無人機が荷物を運ぶんだろう」とか「規制筋に、どうやって説明し許可を得ているんだろう」といったものだ。

一方、「新常識」のほうは、どういう驚きをもたらすものだろうか。一言でいえば、これは、「わかってはいたが、まさかそれほどまでとは」となるようなものだ。それも、単に今までの常識とは違っていたというものでなく、その違いのマグニチュードが半端なく大きかったという場合だ。

私にとっての「新常識」は、日本のエネルギー自給率だった。「資源の少ない日本では低いだろうとは想定していたが、まさかたったの13・3％とは」と驚き、誰かに会うたびについつい話題にしてしまっていた。

ここで述べた、新発見、新常識は、その内容を企画に使うとか、あるいはこれから盛り込むというのではない。できあがった構想を、企画書に落とす際の最初の大きなチェックポイントだ。

企画は非日常的作業だ。いつも通りでは実現しないことを行おうとしている。つまりは、いつもはしないことをやることにより、課題を解決しようとしているわけだ。

企画が解決するとしている「非日常的な課題」、あるいは課題解決を可能にするという「非日常的方法」を説明しなければならない。したがって、もし、

企画が意義をもつものであるとすれば、
そこに新発見ないしは
新常識が生まれなければならない。

その企画書は、読み手となる承認者や、実行の協力者となる他組織の人々に、新発見を与えるものか、新常識を与えるものなのか。もしどちらでもないとすれば、あえて企画にする必要がない当たり前のことを企画書と名づけてしまっているか、その企画書のまとめ方に根本的な問題がありそうな気がする。

その企画内容は「お昼の話題」になり得るか

企画書のベースには、新発見ないしは新常識が存在していなければ、その意義、すなわち「読み手にとっての面白み」が喚起できないことは前節で述べた。ただ、いくらそうはいっても企画書には難解な部分が残る。誰か他の人がつくった企画書が回ってくると、それをパラパラとめくりながら、周りの誰かに「これって、どんな企画なの？」と要約してもらいたくなる。せっかくの企画内容がそれではもったいない。

映画には、予告編なるものが存在する。映画に今まで興味がなかった人も、何かの拍子にその予告編を見てしまうと、俄然、映画への興味がわいてくる。

企画や提案の世界での、映画の予告編的なものが、「キラーコンテンツ」と呼ばれるものだ。

よく企業内を、ひとり歩きする文書や、チャートというものが存在する。誰かがつくった企画書や提案書、報告書などに掲載されている文書や図表の一部が興味をもたれ、それが人づてに伝わっていく。ひとり歩きさせるといっても、「リストラを企画中」とか「競合会社との経営統合を計画中」とかいった一瞬にして噂が会社を駆け巡るようなセンセーショナルなものとは違う。

表現が難しいのだが、人々にとって意外な事実や、今までモヤモヤとしていたものの本質が、格言のような短い言葉に凝縮されていたり、コロンブスの卵的な意外な方法で図表に表現されていたり、あるいは冴えた広告のコピーのような「言い得て妙」的なキーワードが含まれたりしているものだ。

それはときに、企画や提案の中で、よく「キラーコンテンツ」と呼ばれたりする。

キラーコンテンツは、企画や提案の内容のすべてを表すものではない。企画の中の象徴的な発見だが、一瞬にして聞き手の興味を喚起し、その背後にある企画ないしは提案について興味をもたせるというものだ。

例えば、「当社の法人顧客のうち、新規受注の3割は、その後2カ月以内にリピートオーダーをしている」「全社の改善運動の成果の半数は、10％の工場が出している」「過去3年の間に出した新製品は、10年前に比べてライフサイクルが5分の1になってしまっている」などのメッセージの文言でもいいし、それをチャート化したものでもいい。

私は、それが、

キラーコンテンツになり得るかを、「お昼の話題になるか」という観点で検証する

ことにしている。つまりこうだ。

「私が自分で『これはキラーコンテンツだ』と思っている内容を他の部署の同期に何かの拍子に口にする。その後、その同期は自分の部下を連れて昼食に出かける。食事をとりながら、何気なく同期が部下に『さっき、面白い話を聞いたよ』と話題を投げかける」。

こんなことが起きそうかどうか、ということだ。

もし、そんな予感をもてるなら、その企画は公式の場だけでなく、いろいろな場で期待を集めるポテンシャルをもっているはずだ。奇をてらわず、その本質をゆっくりと煮詰めていけばいい。

与えられたフォーマットは、まずは無視せよ、抵抗せよ

時々、企画を記述する際に、指定フォームや指定記述方式の標準が存在する会社がある。フォーマットがあると、企画者は自分がこれからつくる企画について、「どこが判定ポイントになるか」を知ることができ、それはそれで意味がある。

フォーマットの項目や重点は、企業により異なるだろうが、おおよそ、背景（前提）、目的、目標、課題、あるべき姿、アプローチ、スケジュール、実行体制、費用対効果といったものだろう。たしかにこう並べると、企画がまとめやすく、レビューもしやすい。

しかし、企画は発想が命だ。これは、標準化とはもっとも遠い世界だ。フォーマットを埋める途中で、「結局は、いくら投入し、いくら儲かるかを書けというだけか」と思うようになり、読み手にとっても、単純に結論だけを確認すればよいというような予定調和的な退屈さをもたらすだろう。おまけに、フォーマットそのものが、古くから代々使われてきた伝統のものだったりすると困る。クラウドやＳＮＳといった、

今どきの企画内容が、自在に表現できるとは限らない。もし、自社にフォーマットが存在するなら、それをさっと見て、特に用意すべき特殊な項目がないことがわかったら、それはいったん忘れよう。そして、企画の訴求点を、いつもとは違う気分と切り口で、頭の中で整理してみよう。

①自分の企画で幸せになるのは誰か
②その幸せは具体的にどのようなものか
③具体的にその価値が創造されるメカニズムはどのようなものか
④それがなぜ今まで誰にもやられなかったのか
⑤自分たちがそれをやるとすれば、競争相手に対してどのようなアドバンテージがあるか

次に、それを書面で表すためのポイントを考えてみよう。何度も述べたように、承認者は、企画者に比べてそのテーマに関する知識レベルは当然低い。したがって、知識ギャップを埋めつつ、内容を理解してもらわなければならない。

●この企画の背景および内容に関して、承認者はどのくらいの知識をもっているだろうか
●この企画の真の価値を理解してもらうために、どのような知識を必要とするか
●承認者から見て、この企画の実現上の難しさは何か
●その難しさをどのように定義し、どのように解決するのか
●承認者がリスクをとらなければならないことは何か

このようなことを考えてから、自社のフォーマットを再度確認してみる。あまりのギャップに驚くだろう。しかしこのギャップこそが、承認者にとって、それを承認するのに必要な知識だったり、その企業が今回の企画を実行するに際して打ち破らなければならないポイントだったりする。

もし、自分の会社が比較的、ルールの例外に寛容であれば、フォーマットを無視して別のものをつくればよい。うまくいけば、新しいフォームの誕生となるかもしれない。もし、そんなことは絶対に許されないという状況であるなら、指定フォーマット

はフォームで提出しつつ、補足すべき事項を別紙につくるなど、ささやかな抵抗が必要だと思う。

私の経験では、経営企画部門はこうした「掟破り」に異常に厳しいが、承認するのが経営者の場合は、拍子抜けするほどこのあたりは寛容だ。むしろ、喜ばれるようなことが多い。「フォーマットを守ったから内容が悪くなった」は、言い訳として絶対に通るものではない。

「背景」の記述を軽視するな

企画書の冒頭には、企画にあたっての「背景」を記述する部分があることが多い。ここは、いわゆる導入部分であり、何かのアイディアや結論があるわけではないため、承認者側も読み飛ばして、いきなり本文へとなってしまう場合がある。そういった認識があるため、書く方もあまり力が入らない。当たり前のことを当たり前に書いて、お作法は守ったぞ、とばかりに本文に注力する。

しかし、私は、さまざまな経験から、この企画の「背景」こそが、企画の「説得力」を大きく左右するものだと学んだ。これは、講演や会議でいうところの、聴衆との認識を共有化させるための「トーンセット」に該当する。

これまでに散々説明したように、経営環境や技術動向が今までと同じ状況の中で、いまだかつてないまったく新しいアイディアを出すというのは、よほどの天才か偶然がないと難しい。逆に、法規制緩和や技術革新などで、今までの常識が非常識になったり、ゲームのルールそのものが変わるとなれば、新しいアイディアは不思議なくらい出てくる。

ここで問題なのは、その新しい状況を、自分はわかっていても、企画書の読み手はわかっていないことがあるということだ。

消費者の成熟化が、接客商売から比較購買によるセルフオペレーションを可能にしたり、超小型モーターの発明が携帯型オーディオを発明させたり、インターネットの普及がさまざまなアイディアを生み出し世の中を変えたりしてきた。

企画のスポンサーからは、そうした「前例のない」「画期的な」アイディアが欲しいといわれる。だが、その言葉を額面通り捉えるのは危険だ。普段は保守的とも見える方々が、そんな「前例のないようなこと」を求めている理由は、その当時においてまさに前例のないそのアイディアが、すでに大成功を収めたという事実をよく知っているからだ。つまり、欲しいのはアイディアではなく、確実な大成功なわけだ。

「確実に成功する画期的なアイディア」があれば苦労はない。企画者側が求めるべきは、「成功するかはわからないが、もし成功したら大変な効果を創出するアイディアがそこにあり、承認者の方々に一緒に船に乗ってほしい（リスクをとってほしい）」ということだ。

そのためには、過去の大成功がどのような機会を捉え、どのようなリスクに挑んだのかを議論したいところだが、そんな時間はない。

まずは、その企画は「成功する」といわなければならない。そのためには保険をかけておきたい。それは「前提」を定義することだ。「この前提のもとであれば、これは成功する」とまではいかないまでも、最低でも「こういう前提があるので、勝機はあると思っている」と断っておくということだ。

そのためには、もし経営改革のような企画の場合であるなら、

- 自組織の置かれている状況（市場、競合）
- 来るべき「機会」と「脅威」（チェンジドライバー）
- 本企画の着眼点

などを、説明しておく必要があろう。

時に、企画者側からすれば、「世の中がこんなに変化しているというのに、周りはなぜこんなに悠長なんだ」とイライラするかもしれない。でもそれは傲慢な考え方だと思う。

承認者側も、当然のことながら世の中の変化は重々感じている。ただ、論理的、体系的にそれを理解しているというわけではない。だからこそ、それを双方で確認し認識を共有化することで、組織としての実行力をもつべく企画を委ねているわけだ。

ただ、企画者よりも組織での地位が高い承認者側の多くは、自らの過去の大きな成功体験をもっている。だから、その成功体験の延長線上でないものを説明されても、無意識に拒否反応を起こしてしまう危険性がある。

ただ、このねじれの関係は、一発では解消されないだろう。だからこそ、少しずつジャブを打っていくしかない。

企画書の冒頭の「背景」の章は、その最初のジャブだ。だが、最初に興味を喚起できなければ、もうその後を読まれることはない。だから、最初のところは「ご挨拶」や「前置き」ではもったいない。**「相手の常識が、今の非常識である」ことを明確に、しかし、やんわりと伝えておきたい。**

アプローチとスケジュールを混同するな

たいていの企画の中には、その企てをどのように実行していくかを示すための道筋をプロジェクトの「アプローチ」として記載する。目的を達成するための段階（ステージ）や、必要なタスクとその実行手順などで表現される。

一方、それとよく似ているものとして「スケジュール」なるものがある。タスクをどういう日程で行っていくか、というものだ。情報量としては、アプローチに日程が加わったくらいで、そう大きな違いはない。そのために、両者をひとつの図表で表現してしまう場合が多い。

私は個人的にはこの方法はお勧めしない。というのは、承認者側への重要なアピールポイントを失ってしまうからだ。

アプローチとは、タスクの論理的な順番を定義するものだ。うまく設計されたアプローチには、ハードメリットとソフトメリットの両方が存在している。

ハードメリットとは、その通りに作業を行えば、二度手間や後戻りがなくなったり、同時に実施できる作業があれば時間短縮が図れたりするというものだ。

一方、ソフトメリットは、意見調整や納得感の醸成、いわば「心の導線」のコントロールだ。プロジェクトが始まると往々にして、各組織での認識がバラバラであったり、競争関係があったりして、正当な議論がしにくくなることがある。したがって、最初のほうのタスクではあえて意見の「発散」を行うことで部門間のわだかまりを減らすとともに、とにかくは他部門の意見を聞くという作業に徹する。そして、すべての意見が出し尽くされたと誰もが認識した時点をもって、意見の絞り込み、すなわち「収束」を図るという方法だ。

アプローチは、「当社の特性を考え、このような手順で実行していくべきだと考えます」という、論理的に積み上げられた、いわば「べき論」だ。実行にあたり、検討しなければならない要因は多い。だから、シンプルかつハイレベルな視点で、まず「この時点」では、「こういう流れでやれそうだ」という確認をとる。

そして次に、実際の実行作業に着手しようとスケジュールを考え始めると、いろいろな制約が出てくる。最たるものがリソースの問題だ。

例えば、「AとBの作業は論理的に同じ時間に並行して同時に実行できるが、ここで必要な特殊スキルをもつ人間はひとりしかいない。だから、同じ人間が対応するとなると、現実的には並列で行えない」というようなことになる。そうなると、「Aの作業、Bの作業は、それぞれいつ行うことになるのか」と、実情に即して実行可能なものに変換する必要がある。これが、「スケジュール」だ。

アプローチは、論理的にそれが正しいのかを検討し、スケジュールは、リソースや時間の制約を考慮しながら実現可能性を検討する。

もちろん、それなら最初から「スケジュール」のかたちで出せば効率的だ。しかし、何度もいうように、企画は、企画者と承認者とのインタラクティブな戦いだ。結論だけを伝えても、承認者は、そのまますっと文書の表面をなぞってしまうだけで、真意が伝わらない。

まずは、「論理的にはこうやれば実行可能です」という議論から始め、物事の優先順位や、関係者に理解を促すための方法について十分に議論を行う。そしてそれについて一定の理解が得られたら、「論理的にはそうなのですが、さらに具体的に、当社の実情に目を向ければ、その実行に向けては、このような課題があります」と承認者に対し逆に問題提起を行う。そして、自社の特性を捉えた上での修正を行う。そうすれば、おのずと時間軸が決まるはずだ。

よくある困った話は、企画書の最後に、複雑怪奇なガントチャートを何枚も挟み込み、「これがスケジュールです」というものだ。おそらくスケジューリングのソフトウェアでつくったもので、作業タスクのリストから自動生成されるものだろうが、曲芸的な細かさだ。いったい承認者側にどこをどう見せて、どう判断してもらおうというのだろうか。うがった見方をすれば、「ご覧のように、これだけ実行を精緻に考えているんです」というデモンストレーションと、「ここでの議論はやめましょう」という何かのカモフラージュかもしれない。もしそうなら、それはそれで戦略のひとつだと思うが。

アプローチはスケジュールの一部分だが、あえてこれを分け、段階的に議論することで、承認者への説明がシンプルになり理解が深まるばかりか、それにより、手厚い支援を得られる可能性がある。アプローチとスケジュールは似て非なるものだ。そして、それぞれどうだというよりも、アプローチからスケジュールへの変換過程の提示が、まさに経営者（承認者）と企画者との、現実解を探るコラボレーションとなる。この千載一遇の機会を、逸してしまうのはあまりにももったいない。

「形容詞」と「副詞」を消去してみよ

前職で、若手コンサルタントたちの資料をレビューする機会が頻繁にあった。新発見や新発想満載だといいたげに、得意そうに資料を抱えてくる、そんな彼らに、いつも決まっていうことがあった。

それは、「資料の中にある形容詞は赤文字、副詞を青文字にしてきてほしい」というものだ。一瞬、彼らは意図がわからずに首をかしげるが、とりあえずは、ということで指示通りにしてくる。つまりは、赤と青で鮮やかに彩られた資料をもってくるのだ。ちょっと顔を赤くしながら「何をいわれたいかわかります。明日までに直します」という彼らに対し、私はさらに「赤字と青字を抜いて、印刷してきてほしい」と告げる。そして形容詞と副詞を抜いた資料を印刷してきた彼らに、それを読んでもらう。すると「私たちのサービスを買ってください。買ってくれないと私たちは困ります。買ってください。買ってください」と書いてあるだけだとわかる。これではなんの企画提案にもなっていない。

「最適な」とか「迅速な」「最大化された」といった美しい形容詞や副詞をすべて抜いてみると、いかに内容がないことか。本来、企画書で考えなければならないのは何か。それは、形容詞や副詞で表される言葉の具体的な意味だ。極端な話をすれば、企画書の中に形容詞や副詞が含まれていては、まずいわけである。

「最大限の」と来れば、それは何をもって最大とするのか、単位は何か、どこまでいくことを狙わなければならないのか。あるいは、「迅速な」といった場合、時速何キロメートル以上という速度のことなのか、それとも何分以内にという時間のことなのか、まずは単位を知りたい。そして次に、それがどのくらいの数値になっていれば

「すごい」ということなのか。その単位と数値が明確になってはじめて、「なるほど、たしかに迅速だ」となる。そして、細かいことをいえば、この「すごい」は、安心、満足、感動のそれぞれで数値が異なるはずだ。

例えばある英会話教室が、「従来の教え方は○○法で、こういう特徴があった。私が考えたのは□□法である。これを売り出そう」と考えたとしよう。そのとき「従来にない画期的なメソッドで、短時間で英語がマスターできる」といったらどうだろう。

顧客は「短時間で」というのはどのくらいの時間なのか、と考えるはずだ。ひとつの単語を覚えるのに2時間かかっていた人が、1時間59分で覚えられるようになるのか。それとも10分で覚えられるようになるのか。あるいは1年で英語がペラペラになるのか。客は「短時間」のもつマグニチュードを知りたいのである。そしてそれを知った上で、なぜそんなうまい話があるのか、その理由を知りたいと考える。それがわからない限り、その英会話教室を選ぶべきかどうか、判断できないだろう。

これは資料を書くときだけの注意事項ではない。

我々は、通常、議論を行っているときに無意識のうちに、日本語を英語化（カタカナ化）して説明したり、流行のビッグワード（多くは3文字英単語）を連発したりしている。そして、その言葉を使うことで「説明している気」あるいは「わかったつもり」になっている。普段、疑いもなく使ってしまっているカタカナ言葉や形容詞、副詞の「意味」にこそ、議論すべき内容が隠れていることがある。

言葉ではないが同様に注意したいのが、パワーポイントなどでできた紙芝居的ディスカッション資料の中の絵だ。特に、通称「爆発マーク」と「(これがこのように変化しますという) 矢印」には要注意だ (図6−3)。

爆発マークは、その爆発がどのくらいのマグニチュードなのか、単に問題だとしたいだけなのか、それともいまだかつてないインパクトをもたらすことが起きるといっているのか、ないしはもう起きたといっているのか。この「爆発」そのものの内容を考えてみることにこそ、大きな意味や価値がある。

矢印も同様である。「あるものが違うものに変化する」ことを示すわけだが、どのくらいの時間で、どのように (リニアなのか非連続なのか等) 変化するか、というその変化の内容に価値があったりする。例えば、意識改革などは、最初はなかなかうまく進まず、ある時点で何かのショックによって急速に化学反応が始まるといった類いのものだ。その化学反応を進める触媒は何か、どの時点でどのように投入するのか、な

図6-3　爆発マークと矢印で資料を「つくり上げている」例

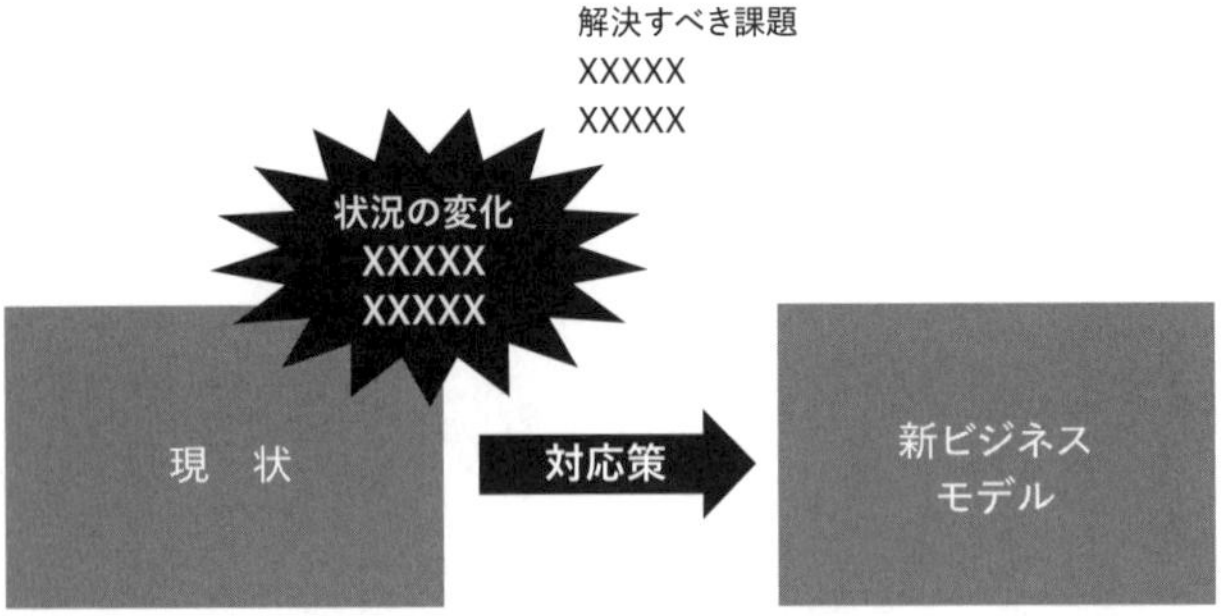

爆発マークがあたかも問題が発生したかのように思わせ、矢印がそれに対する正しい対応策のように思わせようとしている

本来は、爆発マークの具体的な理由や、その対策としての矢印の中身を知りたい

ど考えることで、よりリアルなイメージが浮かぶはずだ。

逆にいえば、**形容詞や副詞、爆発マークや矢印。これに頼っているうちは、まったく企画が進んでいない**ということだ。

判断と決断を混同させるな

企画を企画書としてまとめるのは、自分自身への備忘録では当然ない。

自分以外の相手に、その内容を理解してもらい、賛同され、承認を得ることが目的だ。すべてが理路整然と説明され、企画が何事もなくすんなりと承認されることが望ましいが、実際にはそうなることはない。なぜか。それは、

「企画が承認される」ということは、「承認者がリスクを負うことを受諾した」ということに他ならないからだ。

もし企画者が、自分でその企画のすべてを実行できるというなら企画は不要だ。組織のヒト、モノ、カネといった資源を使うことで、それを実行する。そのための承認であり、そのための企画書づくりである。

この「承認」ということについて注意したいのは、それが、相手に「判断」を求めるものなのか、それとも「決断」を求めるものなのかということだ。

判断というのは、何かしらの一番よい答えのようなものがあって、いろいろな選択肢の中から、これが正解であると見抜くことだ。それに対して決断とは、右左のどちらを見てもそれぞれに一長一短があるような場合に、そのどちらかを自分のリスクで選ぶことだ。

判断できるということは答えがあるということだから、間違えた場合は判断ミスとなる。決断には正解がないから、決断ミスという言葉はない。単に、決断をしたか、しなかったか、である。

その企画が求めるものは、判断か、それとも決断なのか。通常、承認者は、その企画者よりも、企画内容についてくわしくないわけだから、「選択肢のどちらが答えか」と企画者に尋ねられてもわかろうはずがない。つまり、

企画者が承認者に求めるものは「判断」ではなく、ほとんどが「決断」なのだ。

よく、企画を提示した際に、承認者側から「情報が足りない」とか「内容が浅い」からこれじゃ判断ができない、と突っ返されるケースがある。

もちろん、その言葉通り、企画としては掘り下げの甘いものも多いだろう。しかし、

どうやって調べようが、選択肢のどちらかが正解だとわからないものがある。「これじゃ、判断ができないから」といわれ、何度も調べ直し、そのつど、不合格でカムバックを求められる。どこまでそれが明らかになればよいのかというと、「誰にでも判断がつくくらいまで、調べろ」と冗談のようなことになる。だが、「どこにもその答えがなくて判断できない」から、「決断」になるのだ。このあたりをよく認識していないと、再調査、再分析の無限ループに陥る。

決断にはリスクを伴う。リスクがあるからこそ、誰もが躊躇する。だが、もしやって成功すれば大きな効果を得られる。承認者にしてみれば「私だけが責任を負うのは不公平だ」と思うかもしれない。だが、そうした責任を負うからこそ、承認者はたいてい経営陣であり、高い給料をもらい、多くの権限をもっている。そこに遠慮は不要だ。

相手に決断を求めるコツは、オプションの提示だ。ただ、いくら遠慮はいらないといっても、その企画について、いきなり「やるか、やらぬか」すなわち「Go or No-Goを決めてください」というのは無謀を通り越して無礼というものだろう。

一番よいのは、松竹梅のオプションだ。ハイリスクハイリターンか、ローリスクローリターンか、はたまたその中間か、となれば決断はしやすい。これはある意味、決断を「判断化」するようなものだ。

時々、まずいなあと思う企画書は、たいていが、最後の最後に承認者の決断を求めていないものだ。あたかも「ご判断の材料に……」というスタンスでまとめられている。しかもその内容はすっかり角がとれてしまっていて、どこにも突っ込むことができない、当たり前だらけの退屈な代物だ。もちろん、こうした企画書は問題が起きない。その代わり、何も実現しない。

内容が尖っていれば尖っているほど、突っ込みどころは増える。突っ込まれるから議論が白熱する。その結果、周りの理解が進む。

極端にいえば、企画書は、内容を伝えるものでなく、議論を起こすための起爆剤のようなものだ。企画書だけですべての人が完璧に理解できると思うこと自体が間違っている。「どれかを選んでいただきたい」となるから、承認者も気が引き締まる。「これは決断マターだな。もう1回聞かせてくれ」となり、会話がインタラクティブになる。議論が盛り上がる。相手の理解も深まり、さらに盛り上がる。このサイクルのあとに、承認者はこれが「決め事」であることを理解し、覚悟を決める。このあたりが重要なわけだ。

企画書の提出は、経営者との議論開始の引き金だ。企画書は議論のための触媒であり、その議論は、どの戦略オプションを決断すべきか、というものでなければならない。決断すべきものがない企画書はまったく意味がない。そして、決断すべきオプションがない企画書は、議論を巻き起こせない。議論がなければ決断はされない。

おわりに

自分が所属していたコンサルティング会社が、巨大グローバル企業に突然買収された。そこにはハードウェア事業、ソフトウェア事業、サービス事業があり、それぞれがまったく違う多種多様な事業構造と組織文化をもっていた。

今までのコンサルティング会社の形態なら、パートナーと呼ばれる役員たちの合議でものが決まった。ところが、今度はまるで話が通じない。そして、気がつけば、ある組織のマネジメントとして、全体の事業プロセスに完全に取り込まれて動き始めていた。

日々いろいろなことで戸惑いがあった。こちらがどんなに正しいことをいっても、「グローバルからはこう指示されている」「前例はこうなっている」と突っぱねられた。この会社は問題だらけだと思った。しかし、組織全体を見れば冷たいが、一人ひとりの個人を見れば温かかった。自分のいっていることを彼らが理解できないのでなく、そもそも自分の伝え方に問題や甘えがあるのかもしれないと思った。

コンサルタントという職種は、お客様企業の変革を支援させていただくものだが、自分たちには何ら権限は与えられない。お客様に変革を促すものは、「納得」や「感動」だ。同じことを、自分の会社に対しても、甘えずにやればいいだけのことだと理解した。

いつも通り、組織の底辺に流れる感情を理解し、それぞれに何をどう伝えるのかをていねいに考えた。その結果、急に自分の話が通るようになったし、さまざまな組織から支援が得られるようになった。多くの人の知恵を借りながら企画を考え、多くの人の支援によりそれを実現することができた。

「人生で一番嫌な日」が、あの会社に買収された日だとすれば、「人生でもっとも豊かだった10年間」は、その日からの10年だったと思う。

そしてその10年の間で、自分が得た最大の財産が、企画のつくり方と、実現のさせ方だった。

普段思っていたことをそのまま書けばすぐに終わるだろうと思っていたが、それは相当に甘かった。「企画は、わかりやすく説明できることが重要」と謳っている本なのに、書いたものを見ると、何だかやさしいことを難しそうにこねくり回したようになってしまい、何度も大修正を行わなければならなかった。そして、何となくまとまったものを見ると、今度はあまりにも当たり前のことばかりのような気がしてきて心配になった。

結局は、わかりやすさを優先するあまり、何やら軽薄な「べからず集」を書いてしまったのではないかと今も不安が残っている。

また、書けば書くほど、今までの失敗談が思い出されてきた。「穴があったら入りたい」という言葉があるが、今の気分は、「今から穴を掘ってでも入りたい」というものだ。

と、同時に、お世話になったクライアントの皆様、若いときから私を温かく厳しく育ててくれた組織、諸先輩の方々の顔が浮かび、感謝の念が溢れてきた。この場所を借りて、皆様に深く感謝を申し上げたい。

本書の随所で、シグマクシスの倉重英樹氏の教えを取り上げさせていただいている。元日本IBM会長の北城恪太郎氏には、グローバル組織の本質を教えていただいた。親愛なるIBMの戦略コンサルティンググループ、営業部門、各ブランドの仲間たちは、私を企画立案と組織へのその実装の冒険に誘わせてくれた。

そして現在。トライファンズの若き経営者の丹野裕介さん、久保伊求馬さん、さらに丹野裕相談役は、さらなる新しいチャレンジに私を駆り出してくれている。

MBLパートナーズ代表の緒方博行弁護士、元Jリーグチェアマンで現ONGAESHI代表の村井満さんには、常日頃、新しい発想や考える訓練の場をいただいている。

そして、本書の改題の提案や読みやすさ改革において、東洋経済新報社の黒坂さんにはいつもながらの鋭いアドバイスと強力なサポートをいただいた。

渡辺和子さん、臼井慶太さん、水野かおるさん、GX社の仲間の理解と支援がなければ本書は完成しなかった。

いろいろな人の顔が浮かぶ。

すべての皆様に、深く感謝申し上げたい。

【著者紹介】
金巻龍一（かねまき　りゅういち）
GX株式会社 代表取締役
元日本IBM常務執行役員
アクセンチュア、PwCコンサルティング、IBM戦略コンサルティンググループ、GCAなどにおいて、20年超にわたり戦略コンサルティング業務に従事。専門は、新規事業開発、B2B営業改革、グローバル戦略、ポストマージャーインテグレーション（PMI）、グローバル人材戦略。2002年のIBMによるPwCコンサルティング買収の際、PwCコンサルティング側統合リーダーを務め、当事者として経営統合を体験。その後、日本IBMにて、10年間にわたり「戦略コンサルティンググループ」を統括。2012年からは日本IBMにおけるグローバリゼーションサービス事業責任者を兼任。IBMグローバルにおける標準マーケティング手法「BVA」の発案者。
新規事業開発のプロデュース会社GXを設立し、現職。
早稲田大学理工学部卒業、同大学大学院修士課程修了。
主な著書に、『外資系コンサルタントの企画力』『戦略質問』（ともに東洋経済新報社）、『企業統合』『カリスマが消えた夏』（ともに共著、日経BP社）、『Smarter planetへの挑戦』（監修、講談社MOOK）がある。

戦略企画
なぜ、あなたの企画は通らないのか？

2024年12月12日発行

著　者――金巻龍一
発行者――田北浩章
発行所――東洋経済新報社
〒103-8345　東京都中央区日本橋本石町 1-2-1
電話＝東洋経済コールセンター　03(6386)1040
https://toyokeizai.net/

装　丁…………秦　浩司
ＤＴＰ…………アイランドコレクション
印　刷…………ベクトル印刷
製　本…………ナショナル製本
編集担当………黒坂浩一

ISBN 978-4-492-55838-6